LECTION DU BULLETIN-COMMENTAIRE DES LOIS NOUVEL

I0076453

Jh Lefort
AVOCAT AU CONSEIL D'ÉTAT
ET A LA COUR DE CASSATION
ANCIEN MEMBRE
DE LA COMMISSION EXTRAPARLEMENTAIRE
DE L'ÉTUDE
DES DISPOSITIONS LÉGISLATIVES
RELATIVES AUX CONTRATS D'ASSURANCES
LAURÉAT DE L'INSTITUT

Nouveau régime

des

Sociétés d'assurances

Sur la vie

———◆———

COMMENTAIRE

Des lois des *8 décembre 1904*, interdisant en France l'assurance en cas de décès
des enfants de moins de douze ans

17 mars 1905, relative à la **surveillance et au contrôle des Sociétés**
d'assurances sur la vie

Des décrets des *12 mai 1906*, sur la **constitution des Sociétés d'assurances-vie**
à forme mutuelle ou tontinière

9 juin 1906, concernant le **placement de l'actif** des entreprises d'assurances sur la vie

22, 25 juin 1906, relatifs à l'enregistrement, à la réserve des garanties
au dépôt de valeurs, aux conditions de gérance et de fonctionnement des entreprises
d'assurances sur la vie

SUIVI DE TOUS LES DOCUMENTS LÉGISLATIFS RELATIFS A LA NOUVELLE LÉGISLATION

———◆———

DEUXIÈME ÉDITION

PRIX : **3 FR. 50** FRANCO

ADMINISTRATION

DU BULLETIN-COMMENTAIRE DES LOIS NOUVELLES ET DÉCRETS
Léonce BELZACQ, directeur
103, BOULEVARD SAINT-MICHEL, 103, PARIS (Ve)

Administration du BULLETIN-COMMENTAIRE DES LOIS NOUVELLES ET DÉCRETS

Léopce BELZACQ, directeur, 103, boulevard Saint-Michel, à Paris (Vᵉ)

AUX LECTEURS,

Nous publions cette seconde édition, revue et corrigée, dans un but de vulgarisation et pour répondre au désir exprimé par un grand nombre de personnes s'intéressant au **Bulletin-Commentaire des Lois Nouvelles et Décrets**, où parut notre première édition.

C'est ainsi que nous éditons chaque mois, depuis treize ans, le commentaire de toutes les lois et des décrets présentant un intérêt général.

On peut donc dire que le **Bulletin-Commentaire des Lois Nouvelles et Décrets** *constitue le supplément par excellence à tous les ouvrages de droit, qu'il tient constamment à jour.*

Aussi le trouve-t-on dans la bibliothèque de toutes les personnes qui, par goût, intérêt ou profession, veulent se tenir au courant de l'évolution législative, si active depuis quelques années.

L'éditeur.

———◆———

Le Bulletin-Commentaire des Lois Nouvelles et Décrets

Recueil mensuel, d'un abonnement annuel de **7 fr.** (étranger, **8 fr.**), **est le seul recueil publiant en une seule fois**, peu après promulgation, **le commentaire pratique et complet de toutes les lois d'un intérêt général.**

Chaque fascicule contient, outre le commentaire proprement dit, une revue de législation et de jurisprudence et tous les documents législatifs relatifs à la loi commentée.

Cette publication *est indispensable pour bien connaître, appliquer et se conformer aux lois nouvelles.*

**Envoi franco d'un numéro spécimen et de la liste des commentaires
publiés depuis 1894.**

———

Divisions du recueil :

Tome I. De 1894 à 1897 . . .	Prix : **28** fr.	
Tome II. Années 1898 et 1899 .	Prix : **14** fr.	**IMPORTANTES RÉDUCTIONS**
Tome III. Années 1900 et 1901 .	Prix : **14** fr.	
Tome IV. Années 1902 et 1903 .	Prix : **14** fr.	**Aux abonnés**
Tome V. Années 1904 et 1905 .	Prix : **14** fr.	

N. B. La collection entière du **Bulletin-Commentaire** peut être reliée en 2 volumes :
Le 1ᵉʳ, comprenant les tomes I et II, de 1894 à 1899 inclus } Reliure demi-chagrin noir ou rouge,
Le 2ᵉ, comprenant les tomes III, IV et V, de 1900 à 1905 inclus } prix **3** fr. par volume.

Voir, à la 4ᵉ page de la couverture, la liste des principales matières traitées.

═══

COMMENTAIRES EN PRÉPARATION :

Enfants assistés. — Assistance obligatoire. — Patentes. — Jouissance légale (modific. à l'art. 386 du C. civ. Femme veuve ou divorcée). **— Réquisitions militaires. — Réhabilitation des faillis et concordat. — Majorité pénale. — Accidents du travail** (exploitations commerciales). **— Habitations à bon marché. — Warrants agricoles. — Distribution d'énergie électrique. — Sociétés d'assurances sur la vie. — Repos hebdomadaire**, etc.

Nouveau régime

des

Sociétés d'assurances

Sur la vie

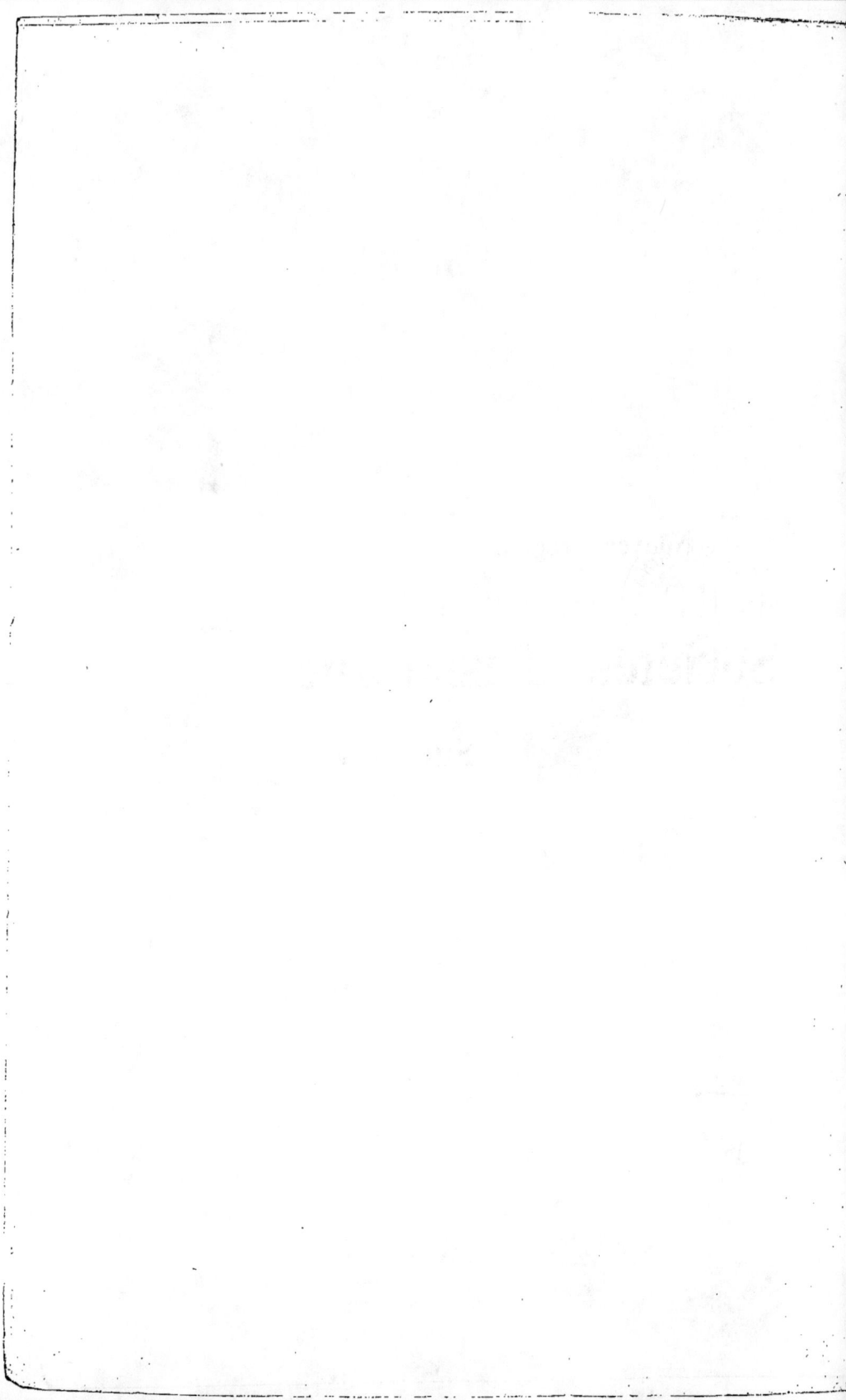

Nouveau régime

des

Jʰ Lefort

AVOCAT AU CONSEIL D'ÉTAT
ET A LA COUR DE CASSATION
ANCIEN MEMBRE
DE LA COMMISSION EXTRAPARLEMENTAIRE
DE L'ÉTUDE
DES DISPOSITIONS LÉGISLATIVES
RELATIVES AUX CONTRATS D'ASSURANCES
LAURÉAT DE L'INSTITUT

Sociétés d'assurances

Sur la vie

COMMENTAIRE

Des lois des *8 décembre 1904*, interdisant en France **l'assurance en cas de décès des enfants de moins de douze ans**

17 mars 1905, relative à la **surveillance et au contrôle des Sociétés d'assurances sur la vie**

Des décrets des *12 mai 1906*, sur la **constitution des Sociétés d'assurances-vie à forme mutuelle ou tontinière**

9 juin 1906, concernant le **placement de l'actif** des entreprises d'assurances sur la vie

22, 25 juin 1906, relatifs à **l'enregistrement, à la réserve des garanties au dépôt de valeurs, aux conditions de gérance et de fonctionnement des entreprises d'assurances sur la vie**

SUIVI DE TOUS LES DOCUMENTS LÉGISLATIFS RELATIFS A LA NOUVELLE LÉGISLATION

DEUXIÈME ÉDITION

PRIX : **3 FR. 50** FRANCO

ADMINISTRATION

DU BULLETIN-COMMENTAIRE DES LOIS NOUVELLES ET DÉCRETS

Léonce BELZACQ, directeur

103, BOULEVARD SAINT-MICHEL, 103, PARIS (Vᵉ)

assurés. » Partout, les opérations ayant un caractère viager sont l'objet d'un contrôle destiné essentiellement à obvier à des agissements irréguliers ou imprudents. Si l'Angleterre a adopté le régime de la liberté sous le contrôle de la publicité, exigeant de toutes les sociétés d'assurances sur la vie, en même temps que la publication d'états annuels conformes à des modèles légaux, un cautionnement et la vérification de leur situation financière par un agent compétent, partout ailleurs il en est autrement. Aux Etats-Unis presque tous les Etats ont imposé un contrôle, l'obligation de calculer les réserves mathématiques ou minimum d'après des Tables et un taux officiels. En Italie, les entreprises sont l'objet d'une réglementation. En Suisse, la surveillance est fortement organisée, puisque la Compagnie doit fournir au Conseil fédéral une foule de renseignements, notamment sur les réserves. En Allemagne, les Compagnies sont soumises à l'autorisation et à un contrôle.

D'autre part, l'assurance sur la vie tend à rester de moins en moins localisée dans les limites du pays où a été constituée l'entreprise. Les Compagnies étrangères font en France une très large concurrence aux assureurs français ; elles ont même introduit des combinaisons spéciales, dont la pratique n'est pas sans soulever des difficultés graves, notamment en ce que l'assuré ne peut pas toujours se rendre un compte exact de la situation qui lui est faite par ces procédés très vantés de la réclame. Dans beaucoup de pays, des garanties spéciales ont été exigées des Sociétés étrangères. Ainsi, par exemple, en Allemagne, il faut une autorisation préalable du Chancelier de l'Empire, autorisation subordonnée à des conditions impératives, en outre d'un droit d'investigation au siège de l'entreprise. En Italie, l'autorisation n'est accordée qu'après des justifications particulières ; c'est le même régime qui au total existe en Espagne, et dans plusieurs Etats allemands. En Suisse, la Compagnie étrangère ne peut agir que si elle a un représentant général domicilié en Suisse, si elle a déposé un cautionnement et fourni des documents permettant d'apprécier les garanties données. Un cautionnement est imposé en Autriche ainsi qu'aux Etats-Unis, et même, de l'autre côté de l'Atlantique, les placements devront être effectués en valeurs déterminées.

Les prescriptions applicables en France étaient absolument insuffisantes. Sous l'empire de la loi du 24 juillet 1867, les Compagnies d'assurances françaises étaient bien soumises à l'obligation d'obtenir une autorisation et de subir un contrôle, mais pour l'autorisation il n'existait aucune garantie contre l'arbitraire du gouvernement, qui pouvait très légalement refuser de saisir le Conseil d'Etat

chargé de préparer le décret habilitant la Société ; d'autre part, la surveillance était illusoire, il n'existait aucun contrôle de nature à obvier aux abus ; en outre, et surtout, les Compagnies étrangères fonctionnaient en France sans être soumises à aucune surveillance ; les assurés étaient dépourvus de toute protection.

La loi du 17 mars 1905 a été votée pour remédier à une situation qui, de longue date, avait éveillé l'attention publique. Au régime purement arbitraire de l'autorisation, elle substitue l'enregistrement des Statuts par le dépôt au service compétent, mais l'enregistrement intervenant avec des garanties particulières et dont le retrait, au lieu de dépendre du bon plaisir de l'administration, est soumis à des conditions spéciales. A la surveillance qui n'existait qu'en apparence, la loi nouvelle fait succéder un contrôle effectif exercé par des fonctionnaires particulièrement qualifiés et surtout par un Comité qui procure toute sécurité, tant par la compétence des membres que par leur indépendance.

La loi du 17 mars 1905 toutefois ne saurait suffire. Elle pose bien les principes généraux mais elle n'entre pas, et ne peut pas entrer dans les détails, détails qui, pour une matière aussi spéciale que l'assurance sur la vie, ont une importance capitale. On ne voit pas, par exemple, le législateur énumérant les pièces à fournir à l'appui de la demande d'autorisation, indiquant les différentes Tables de mortalité à adopter, précisant les frais de gestion, etc. Pareillement le législateur ne pourrait, à raison des modifications susceptibles de se produire, fixer à l'avance le taux d'intérêt, les chargements d'après lesquels devront être calculées au minimum les primes ou cotisations des opérations à réaliser, ainsi que les réserves mathématiques. Le législateur a cru devoir laisser à des Règlements d'administration publique le soin de statuer à cet égard.

Certes, ce mode de procéder a soulevé des réclamations au sein du Parlement ; les critiques ont fait valoir que c'était abandonner au pouvoir exécutif, même représenté par le Conseil d'Etat, le droit de faire la loi. Il a été passé outre. On a considéré non seulement que pour des problèmes d'un caractère essentiellement technique, il était préférable de substituer au législateur, manifestement incompétent, les actuaires qui, seuls, peuvent fournir des prescriptions utiles, mais encore et surtout que les circonstances peuvent imposer des changements et que toute modification à un article de loi ne va pas sans des difficultés, en tout cas sans des lenteurs dont les conséquences risquent d'avoir une répercussion fâcheuse. Il existait, du reste, un précédent : les décrets rendus à l'occasion de la loi du 9 avril 1898, qui ont constitué en réalité le régime légal pour l'assurance contre les accidents du travail.

De là, en outre des dispositions relatives à la constitution du contrôle (17 mars 1905 et 7 mai 1905), les quatre décrets concernant l'un la déchéance du bénéfice de l'enregistrement des entreprises d'assurances sur la vie (20 janvier 1906); le second, les dépenses de premier établissement des entreprises françaises (20 janvier 1906); l'autre, les différentes Tables de mortalité à employer, le taux d'intérêt, ainsi que les chargements d'après lesquels doivent être calculées au minimum les primes ou cotisations (20 janvier 1906); le quatrième, l'inscription des contrats d'assurance sur la vie (20 janvier 1906). De là enfin le décret du 12 mai 1906 sur la constitution des sociétés d'assurances sur la vie à forme mutuelle ou tontinière et aussi le décret du 9 juin sur la fixation des biens mobiliers et immobiliers destinés à servir de garantie aux assurés.

L'importance de ces décrets est indéniable. Il n'est pas téméraire de le dire, la loi du 17 mars 1905 risquerait d'être lettre morte sans eux. Toutefois la tâche n'était pas achevée. Il restait encore quelques questions à régler. Elles ont fait l'objet de cinq décrets (ci-après commentés séparément avec ceux des 12 mai et 9 juin, à cause de leur grande importance), lesdits décrets, en date des 22 et 25 juin 1906, portant sur les conditions requises pour l'enregistrement des entreprises, le fonctionnement des réserves de garantie, les dépôts à effectuer par les entreprises étrangères, les opérations tontinières.

Un très grand progrès a été réalisé par la loi du 17 mars 1905. Il sera complété le jour où le Parlement aura voté la loi si impatiemment attendue sur le contrat d'assurance. Après avoir indiqué dans quelles conditions doivent fonctionner les entreprises pour procurer la sécurité qui est indispensable, il incombe au législateur de régler les rapports des assureurs, des assurés et des tiers. En France, tous les contrats sont soumis à des dispositions précises; seul, le contrat d'assurance sur la vie échappe à des prescriptions spéciales. Due à des circonstances multiples, principalement aux idées qui régnaient lors de l'élaboration du Code civil, cette lacune a été dans une très notable mesure comblée par la jurisprudence. Mais outre qu'il est parfois très difficile de se refuser à l'application de certains textes dont l'observation n'est pas sans péril pour l'assurance, la jurisprudence n'est pas la loi. Il convient que la France suive l'exemple de nombreux pays étrangers qui ont été ou qui vont être dotés d'une législation propre à l'assurance sur la vie. Un projet a été élaboré, soumis au Parlement, et tout porte à penser qu'il ne tardera pas à prendre place dans l'arsenal des lois. Cependant le législateur a cru devoir, sans différer, édicter des dispositions que l'intérêt public lui semblait réclamer. C'est ainsi que la loi du 8 décembre 1904 a interdit d'une façon absolue l'assurance souscrite sur la tête d'un enfant mineur de douze ans, afin de déjouer les calculs d'une spéculation éhontée faisant contracter une assurance sur un nouveau-né dans l'espoir que le décès survenu peu après rendrait exigible le capital stipulé.

On vient de le voir, la législation de l'assurance sur la vie est éparse dans différents textes. Notre but a été de réunir ces documents, et de faire tout d'abord le commentaire de chacun d'eux.

Commentaire de la loi du 8 décembre 1904
interdisant en France l'assurance en cas de décès des enfants
de moins de douze ans [1].

TEXTE

8 décembre 1904. — *LOI interdisant en France l'assurance en cas de décès des enfants de moins de douze ans.*

Art. **1**er. Est considérée comme contraire à l'ordre public, toute assurance au décès reposant sur la tête d'enfants de moins de douze ans.

2. Sont exceptées les contre-assurances contractées en vue d'assurer, en cas de décès, le remboursement des primes versées pour une assurance en cas de vie.

Historique

1. Certaines Compagnies étrangères d'assurances pratiquaient depuis quelques années, surtout dans le nord de la France, l'assurance au décès des enfants en bas âge, lorsque de nombreuses réclamations s'élevèrent au sein du corps médical ; on remarquait de singulières coïncidences entre la mortalité infantile et la pratique de ce genre d'opérations. M. le docteur Galissot, médecin inspecteur des enfants du premier âge du département du Nord, signala le premier le mal en 1902, puis M. le professeur Budin, dans une communication à l'Académie de médecine (3 mars 1903) sur ce sujet, fit un appel aux pouvoirs publics, mais dut reconnaître que le ministère du commerce avait avoué son impuissance dans l'état de la législation. En Belgique, M. le docteur Dupuereux, de Gand, exposait, à la Société royale de médecine publique et de topographie médicale de Belgique, les résultats d'une enquête à laquelle il s'était livré sur le même sujet, et la Société belge comme l'Académie de Paris attiraient l'attention du gouvernement sur l'urgence d'un remède.

2. A la suite du travail de M. Budin qui avait vivement ému l'opinion publique, MM. Bonnevay et Thierry, députés, déposèrent une proposition de loi déclarant contraire à l'ordre public, et interdisant en conséquence toute combinaison d'assurance reposant sur la tête d'enfants de moins de sept ans, et dont l'événement, donnant droit à l'indemnité, serait le décès de l'enfant.

Un projet de loi avait été déposé le 6 décembre 1902, par le gouvernement, pour établir le contrôle et la surveillance des Sociétés d'assurances sur la vie et de toutes les entreprises dans les opérations desquelles intervient la durée de la vie humaine [1]. La Commission de la Chambre des députés chargée d'examiner ce projet de loi sur la surveillance, ainsi que les propositions déposées à la suite, après avoir adopté le principe de la proposition de MM. Bonnevay et Thierry, mais en fixant à douze ans l'âge jusqu'auquel l'assurance en cas de décès était interdite, décida d'incorporer cette loi dans le projet général sur le contrôle et la surveillance des Compagnies d'assurances sur la vie, où elle formait l'article 23. Mais le gouvernement demanda le 7 juillet 1904, d'accord avec la commission,

___

(1) TRAVAUX PRÉPARATOIRES. — *Chambre des députés.* 10 mars 1903, proposition de loi de MM. Bonnevay et Thierry (*J. off.*, 5 mai, annexe nº 801, p. 270). — 9 juin 1903, rapport de M. Chastenet sur le projet de loi et les propositions de loi sur la surveillance et le contrôle des sociétés d'assurances sur la vie où la proposition de MM. Bonnevay et Thierry avait été inscrite et formait l'article 23 (*J. off.*, 21-23 juillet 1903, annexe nº 986, p. 745). 7 juillet 1904, disjonction de cet article (*J. off.*, 8 juillet, séances, p. 1887) — Rapport spécial de M. Chastenet, dépôt, lecture, déclaration de l'urgence, discussion et adoption (*Ibid.*, p. 1889). — *Sénat.* 7 juillet 1904, transmission (*J. off.*, 2-3 nov. 1904, annexe nº 226, p. 303). — 22 novembre 1904, rapport de M Paul Strauss (*J. off.*, 16 février 1905, annexe nº 300, p. 16). 2 décembre 1904, déclaration de l'urgence et adoption sans discussion (*J. off.*, 3 décembre 1904). 8 décembre 1904, promulgation (*J. off.*, 12 déc. 1904).

(1) Projet devenu la loi du 17 mars 1905 ci-après commentée.

la disjonction de cet article pour en faire l'objet d'une disposition spéciale. Comme le faisait observer l'un des signataires de la demande de disjonction, il s'agit d'une proposition extrêmement urgente, indépendante de la loi très générale concernant les contrats d'assurance.

Le même jour, à la suite d'un rapport spécial, la Chambre votait la disjonction et à l'unanimité, la proposition pour laquelle l'urgence avait été déclarée.

Transmise sans retard au Sénat, la loi fut l'objet de la plus grande diligence à raison de son caractère même : le rapport fut déposé le 22 novembre 1904, et le 2 décembre, sans aucun débat, la loi fut votée et elle fut promulguée le 12 décembre.

La loi nouvelle

3. La loi du 8 décembre 1904 est un des premiers textes (autres que les dispositions d'ordre fiscal) consacrés par le législateur français à la matière des assurances sur la vie. Elle a un caractère d'ordre public qui se justifie par la nécessité absolue de parer sans retard à une mortalité infantile excessive. Le législateur ne pouvait tolérer des contrats susceptibles de favoriser, même dans une faible mesure, la mortinatalité et la mortalité infantile. En permettant de contracter, en retour d'une prime très modique, un contrat donnant lieu au paiement d'une indemnité à la mort de l'enfant, ou même au moment où l'enfant mort-né venait au jour, puisque l'assurance était possible pour l'enfant simplement conçu, l'abstention de la loi encourageait l'infanticide, l'avortement ou tout au moins le défaut de soins nécessaires aux jeunes enfants.

4. Ces pratiques étaient de la spéculation et nullement de l'assurance sur la vie. Les auteurs de la proposition le déclaraient. Le but de l'assurance contractée par un adulte, c'est la constitution d'un capital, capital qui est destiné à le remplacer auprès des siens s'il vient à mourir avant d'avoir rempli sa tâche de solidarité familiale vis-à-vis de ceux que son travail fait vivre, ou c'est encore la constitution automatique d'un capital dont il jouira après un temps déterminé, ou dont il fera jouir les siens. L'assurance en cas de décès d'un enfant très jeune n'est pas un acte de prévoyance : l'enfant ne produit pas, il coûte ; sa mort constitue une perte économique, mais non pas une diminution des ressources de la famille.

La loi du 8 décembre 1904 ne comprend que deux articles : l'un établissant la prohibition pour les assurances en cas de décès, l'autre reconnaissant une dérogation à la règle.

5. La mesure prise en France a servi de point de départ à des dispositions analogues à certains égards, votées à l'étranger.

Depuis 1905, une loi interdit en Belgique l'assurance au décès des enfants de moins de trois ans.

En Angleterre, l'*Act* relatif aux *Friendly Societies* a limité à un chiffre très modique la somme à payer au décès des enfants de moins de cinq et de moins de dix ans.

Le même principe, avec des différences de chiffres, a été édicté dans un *Act* voté en 1906 par le Parlement australien pour les enfants de moins de dix ans.

COMMENTAIRE

6. La loi du 8 décembre 1904 étant une loi d'ordre public, toute entreprise d'assurances, de quelque genre que ce soit, y est soumise ; il n'y a nulle distinction à établir : qu'il s'agisse d'une Compagnie anonyme, d'une Société d'assurance mutuelle, que l'entreprise soit française ou étrangère, la prescription de la loi de 1904 lui est applicable.

7. La proposition primitive tendait à faire décider qu'aucune Compagnie dont les Statuts autoriseraient le genre d'assurance infantile à interdire, ne pourrait exercer son industrie sur le territoire de la République ou de ses colonies. Cette disposition a été supprimée comme faisant double emploi avec la déclaration de caractère d'ordre public donné à la loi. D'autre part, elle prêtait à l'ambiguïté ; on pouvait se demander si le refus prévu par les signataires de la proposition, s'appliquait à ces Compagnies pratiquant uniquement ces opérations, ou à toutes Compagnies acceptant ces contrats avec d'autres polices. Ce qui est certain, c'est que la prohibition s'applique à tout contrat, qu'il soit habituel à une Compagnie ou qu'au contraire, il soit passé accidentellement. En un mot, c'est l'opération elle-même qui est visée par la loi.

8. La prohibition est subordonnée à deux conditions. Il faut en premier lieu qu'il s'agisse d'une assurance en cas de décès.

Le législateur, en précisant qu'il défend l'assurance en cas de décès, a par cela même admis la validité de l'assurance en cas de vie pour enfant de tout âge ; les raisons qui ont fait édicter la prescription ne se rencontrent pas, en effet.

9. Mais toute assurance en cas de décès, quelle que soit sa forme, est formellement interdite lorsqu'elle doit porter sur la tête d'un mineur de douze ans, ou si elle est contractée à l'occasion du décès de ce dernier.

Certaines combinaisons antérieurement pratiquées sont donc interdites : la police donnant, en retour d'une modeste prime hebdomadaire, le droit, au décès de l'enfant, à une somme de 20 à 100 fr., suivant l'âge ; — la police contractée dans les mêmes conditions, et à l'insu même des parents, par les personnes ayant la garde des enfants en bas âge, telles que les nourrices ; — la police souscrite par des parents pour eux-mêmes, aux termes de laquelle le décès de l'enfant, avant un âge déterminé, emportait le versement pour le signataire d'une certaine somme, même en l'absence d'une prime spéciale pour l'assurance de l'enfant ; — l'assurance souscrite sur un enfant avant sa naissance, et donnant droit au capital assuré même si l'enfant est mort-né. Mais toute autre combinaison, malgré ses différences avec ces types, est interdite.

10. La seconde condition mise à l'application de la loi est l'âge de douze ans. Les auteurs de la proposition avaient réclamé la prohibition pour les polices concernant des enfants de moins de sept ans. Le législateur a étendu la mesure, et décidé que l'assurance devait être interdite jusqu'à douze ans [1].

11. La sanction édictée à l'encontre de tout contrat tombant sous le coup de la loi du 8 décembre 1904 est la nullité. Cette nullité est absolue, puisque le contrat est réputé contraire à l'ordre public. Le juge civil ne peut donc, sous aucun prétexte, refuser de prononcer la nullité de la police.

---

[1] Il est à noter que dans le projet de loi sur le contrat d'assurance élaboré par une Commission extraparlementaire instituée au ministère du commerce, un article édictait la même prohibition jusqu'à quinze ans. Il avait semblé que cet âge de quinze ans pouvait d'autant plus être pris comme âge au-dessous duquel un mineur ne peut consentir à ce qu'une assurance en cas de décès soit contractée sur sa tête, qu'avant cet âge le Code civil n'admet pas l'émancipation (art. 477 C. civ.).

C'est l'unique sanction [1].

Toute personne intéressée est en mesure de faire prononcer cette nullité, l'assureur, le souscripteur de la police, le représentant de l'incapable. C'est la conséquence nécessaire du caractère d'ordre public attaché par la loi à la prohibition.

12. Si étendue que soit l'interdiction, elle ne concerne que l'assurance en cas de décès ; la loi ne s'applique donc pas à l'assurance en cas de vie.

13. Elle ne vise pas le cas où l'assurance en cas de décès est l'accessoire d'une assurance en cas de vie.

Il est fréquent qu'un tiers contracte une assurance en vertu de laquelle le capital assuré sera payé si un mineur arrive à un âge déterminé, mais le souscripteur stipule qu'en cas de décès de l'assuré avant l'âge fixé, les primes seront restituées ; il y a là pour les primes une véritable assurance en cas de décès, qui doit toujours être admise comme accessoire de l'assurance en cas de vie. L'article **2** ne laisse aucune place au doute.

14. La loi du 8 décembre 1904 édicte une prohibition pour les contrats à souscrire après sa promulgation. Elle laisse donc subsister les contrats en cours. La solution contraire aurait pu se concevoir en raison du caractère de la mesure et des conséquences fâcheuses auxquelles le législateur entend obvier. Mais, lors de la discussion à la Chambre des députés, il a été expressément déclaré que la loi n'aurait pas d'effet rétroactif.

---

[1] Le projet de loi sur le contrat d'assurance, dont il est parlé précédemment. édictait en ce cas une amende.

Commentaire de la loi du 17 mars 1905
relative
à la surveillance et au contrôle des sociétés d'assurances sur la vie et de toutes les entreprises dans les opérations desquelles intervient la durée de la vie humaine (1).

HISTORIQUE

1. L'industrie des assurances sur la vie est une industrie d'une nature spéciale, dont l'exercice ne serait pas sans offrir des dangers pour les personnes traitant avec les Compagnies. Elle repose sur des bases mal connues et peu familières à la généralité, sur des calculs qu'il est difficile d'apprécier sans une préparation technique ; seuls, des hommes compétents sont à même de se rendre compte que ces bases sont acceptables, que ces calculs sont admissibles et répondent à la réalité. Sans doute, les Compagnies font œuvre de commerce et d'industrie, sans doute leur action doit se mouvoir librement, mais à raison du caractère particulier de l'entreprise, l'Etat peut intervenir au nom et place des intéressés qui ne peuvent exercer leurs droits, de prescrire, dès lors, des mesures conservatoires pour la sécurité des engagements à lointaine échéaance, de surveiller l'exécution de ces règlements de garantie. Le rôle de l'Etat se conçoit d'autant mieux que dans la plupart des Compagnies françaises d'assurances, les assurés, dont le nombre immense alimente la caisse sociale, ne sont pas représentés aux assemblées générales de la Société, à moins qu'à leur qualité d'assurés ils ne joignent celle d'actionnaires, ce qui n'est guère fréquent. En vain invoquerait-on, que les Sociétés d'assurances ne sauraient être traitées d'une autre manière que les Sociétés financières qui, chaque jour, font appel à la faveur du public, et qui, néanmoins, sont

(1) Travaux préparatoires. — 6 décembre 1902, présentation à la Chambre des députés, au nom du gouvernement, d'un projet de loi relatif au contrôle et à la surveillance des sociétés d'assurances sur la vie et de toutes les entreprises dans les opérations desquelles intervient la durée de la vie humaine (annexe n° 94). — 9 juin 1903, dépôt du rapport de M. Chastenet (annexe n° 986). — 21, 23, 28, 30 juin, 5 et 7 juillet 1904, dé-

claration d'urgence, discussion et adoption (J. off. des 22, 24, 29 juin, 1er, 6 et 8 juillet). Sénat. — 8 juillet 1904, présentation au Sénat du projet adopté par la Chambre (annexe n° 238). — 13 décembre 1904, dépôt du rapport de M. Lourties (annexe 323). — 28 février et 2 mars 1905, déclaration d'urgence, discussion et adoption (J. off. des 1er et 3 mars). — 17 mars, promulgation (J. off. du 20 mars 1905.)

absolument libres : il s'agit du patrimoine de l'orphelin et de la veuve, de l'épargne du vieillard ; il importe de les préserver, en veillant à la bonne gestion, de façon qu'une partie notable des économies, affectée au paiement des primes, ne risque pas d'être perdue par l'insolvabilité, que les fonds versés avec l'affectation des engagements assumés par l'assureur ne restent pas improductifs, mais, d'autre part, se retrouvent dans la réserve destinée à réaliser le paiement final du *capital* que l'*assuré* stipule de l'*assureur*, payable soit à lui, soit à ses *bénéficiaires* appelés à profiter du contrat. Dans la plupart des grands pays, les assurances sur la vie sont l'objet d'un contrôle très étroit, destiné à arrêter les opérations irrégulières ou imprudentes.

2. En France, sous l'empire du Code de commerce, les *Sociétés d'assurances sur la vie* qui prenaient la forme anonyme, ce qui avait toujours lieu, ne pouvaient pas se fonder librement ; en effet, l'article 37 imposait à toute Société anonyme, abstraction faite de son objet, de se munir de l'autorisation préalable du gouvernement. Quand le législateur eut en 1867, par la loi du 27 juillet, supprimé les restrictions pour les Sociétés anonymes, il fit une exception pour les Sociétés de la nature des Tontines et les Sociétés d'assurances sur la vie, mutuelles ou à primes, par le motif, notamment, que le public ne pouvait se rendre un compte exact de leurs opérations, et qu'il convient d'édicter une protection spéciale pour les opérations qui se font à très longue échéance. Ce régime, fixé par l'article 66 de la loi du 24 juillet 1867 (complété par le Décret du 22 janvier 1868, précisant les obligations imposées aux Sociétés visées par l'art. 66, entre autres celle d'employer leurs fonds disponibles en valeurs spécifiées), comprenait l'*autorisation* et la *surveillance*. L'autorisation était délivrée par un Décret rendu après examen des Statuts en Conseil d'État. La surveillance était confiée au Ministère du commerce, éclairé par la communication, tant des états de situation à dresser tous les six mois, que du compte rendu annuel des opérations. Les Sociétés étrangères jouissaient de la liberté la plus absolue en présence de l'extension successive à tous les pays du bénéfice de la loi du 30 mai 1857, qui autorisait en bloc les Sociétés, légalement autorisées en Belgique, à exercer leurs droits en France.

3. Le régime créé par la loi de 1857 était fort critiqué. D'une part, il consacrait l'arbitraire, puisqu'il laissait à l'administration le droit de saisir ou de ne pas saisir le Conseil d'État, dont l'avis était rigoureusement nécessaire, et il conférait à l'Administration, sans recours possible, le pouvoir de refuser l'autorisation, malgré l'avis favorable du Conseil d'État. D'autre part, si l'autorisation existait, quoique dans des conditions différentes, à l'égard des Compagnies françaises expressément visées par l'article 66 de la loi de 1867, et des Compagnies étrangères relevant d'une permission générale accordée en vertu de la loi de 1857, la surveillance n'existait pas pour ces dernières et elle était nominale pour les autres. Les documents transmis par les Compagnies n'étaient pas, en général, examinés. Il n'y avait point d'organe chargé d'agir, et le gouvernement ne pouvait pas invoquer de sanction pour imposer les mesures qui pouvaient sembler nécessaires dans l'intérêt des tiers. En 1875, avec l'essor inattendu que prirent les Sociétés d'assurances sur la vie, le Ministère du commerce, redoutant les pertes que les spéculations pouvaient causer à l'épargne française, songea à organiser cette surveillance ; une décision ministérielle du 15 mai 1877 enjoignit aux Sociétés d'assurances d'avoir à fournir des états conformes à des modèles officiels et à subir, à leurs frais, une vérification de leurs écritures par des commissaires désignés à cet effet. Le Conseil d'État annula cette décision par Arrêt du 14 mars 1880, sauf dans la partie qui prescrivait la remise à l'Administration, suivant les modèles fournis par elle, des élément constitutifs de l'état de situation. La surveillance se réduisait donc à l'examen, par le Ministère du commerce, des comptes rendus des Compagnies, dans les conditions prévues par des décisions ministérielles. Le contrôle effectif ne pouvait résulter que de vérification des pièces, au siège des Compagnies ; or, l'Arrêt du Conseil d'État ne permettait pas d'y procéder.

4. A plusieurs reprises, le gouvernement et le pouvoir législatif songèrent à modifier les dispositions en vigueur ; ces tentatives n'aboutirent pas, alors pourtant que la faillite de quelques Compagnies avait ému gravement l'opinion publique à raison des conséquences pour les assurés. L'échec d'une Compagnie qui avait su attirer l'épargne la plus modeste, *la Rente viagère*, mêlée à une affaire financière très connue, causa une vive inquiétude au sein de l'opinion publique ; on se demandait comment une Société avait pu se créer dans des conditions telles qu'aucune garantie n'existait et fonctionner durant plusieurs années, sans mettre en éveil l'autorité chargée de parer aux abus ; on affirmait que la catastrophe qui ruinait d'humbles contractants n'aurait pu se produire, si des mesures de contrôle avaient pu être mises en pratique. Le gouvernement comprit qu'il fallait agir. Un Arrêté du Ministre du commerce, en date du 26 avril 1902, chargea une Commission consultative, composée de jurisconsultes, de représentants des Compagnies et d'actuaires,

d'étudier les dispositions législatives à prendre en vue de l'organisation et du contrôle des Sociétés d'assurances sur la vie.

Cette commission délibéra et adopta un avant-projet de loi, mais le gouvernement reconnut qu'il contenait des dispositions d'ordre tellement technique, qu'il était difficile d'en saisir le pouvoir législatif, et qu'il était préférable de les laisser au pouvoir réglementaire ; un nouvel avant-projet se ramenant à quelques dispositions essentielles et renvoyant les détails à des Règlements d'administration publique a été rédigé. C'est ce deuxième projet qui a été soumis aux Chambres et qui est devenu la loi du 17 mars 1905.

LA LOI NOUVELLE

5. La loi du 17 mars 1905 n'est pas une loi relative aux assurances sur la vie. Elle ne fixe pas les rapports juridiques entre l'assureur et l'assuré, le législateur ayant considéré que ces questions doivent être résolues dans une loi spéciale [1]. Son unique but est de régler le mécanisme financier des entreprises d'assurance sur la vie, d'imposer, au point de vue de leur fonctionnement, les garanties propres à mettre l'actif à l'abri d'une gestion téméraire et à procurer à l'assuré la certitude que les engagements sur lesquels il est en mesure de compter seront tenus par l'assureur.

D'autre part, la loi se borne à consacrer les principes généraux pour arriver à ce but ; elle réserve en grande partie tous les détails de la réglementation à des Règlements d'administration publique.

Elle se divise en cinq titres : le premier indique quelles sont les entreprises soumises aux prescriptions nouvelles, et dans quelles conditions elles pourront désormais fonctionner ; le deuxième précise les garanties qu'elles doivent offrir ; le troisième détermine comment s'effectueront désormais la surveillance et le contrôle ; le quatrième édicte les pénalités applicables au cas d'infraction aux dispositions prises ; le cinquième règle la condition des Compagnies qui existent déjà et qui fonctionnent.

6. Envisagé dans son ensemble, le régime

(1) Le projet de loi sur le contrat d'assurance a été déposé le 12 juillet 1904 sur le bureau de la Chambre des députés. C'est la reproduction d'un avant-projet élaboré par une Commission spéciale instituée au Ministère du commerce, par Arrêté du 26 avril 1902, « pour étudier les dispositions législatives auxquelles pourraient être soumis les contrats d'assurances, » avant-projet qui consacre les propositions préliminaires formulées au sein de la Commission dont ils faisaient partie, par M. le professeur Lyon-Caen, pour les dispositions générales concernant les assurances, par M. le président Berr pour les assurances contre l'incendie et par M. J. Lefort pour les assurances sur la vie.

consacré par la loi du 17 mars 1905, applicable à toutes les entreprises d'assurances sur la vie, c'est-à-dire qui contractent des engagements dont l'exécution est subordonnée à la durée de l'existence humaine, sans égard soit à la forme, soit à la nationalité, du moment que les opérations se font en France, ce régime substitue à l'autorisation par Décret l'enregistrement par le Ministère du commerce, et à l'ancienne surveillance une surveillance effective exercée par un corps de contrôle.

Cette loi est destinée à régir seule les entreprises auxquelles elle s'applique. A dater du jour de sa publication, elle a remplacé purement et simplement toutes les prescriptions antérieurement applicables, notamment l'article 66 de la loi du 24 juillet 1867, ainsi que les dispositions concernant les Tontines et les Sociétés d'assurances sur la vie.

Le législateur se trouvait en présence de deux systèmes pratiqués à l'étranger à l'égard des opérations d'assurances sur la vie : le régime de la liberté avec la publicité, comme en Angleterre, où les Sociétés peuvent se constituer librement sous l'unique condition d'effectuer un dépôt remboursé dès que les primes accumulées dépassent le double de la somme consignée, mais à la charge de publier régulièrement, conformément à des modèles officiels, des états de situation à l'usage des intéressés, sans contrôle officiel, sans évaluation pour la réserve mathématique ; — le régime de l'autorisation préalable discrétionnaire accordée après une enquête détaillée et avec une surveillance effective, comme en Suisse, où tous les pouvoirs sont conférés à un Bureau technique investi de pouvoirs très étendus et notamment d'exiger la cessation des opérations au cas où, à la fin d'un exercice, la situation semble compromise.

Le législateur, à la suite du gouvernement, a préféré se rallier à un système intermédiaire de liberté réglementée participant, à la fois, de l'un et de l'autre système, système imité, dans une large mesure, de celui admis par la loi du 9 avril 1898, pour des Sociétés d'assurances contre les accidents du travail.

COMMENTAIRE

ENTREPRISES SOUMISES A LA LOI DU 17 MARS 1905

7. La législation nouvelle s'applique à toutes les entreprises pratiquant des opérations dans la réalisation desquelles intervient, à un degré quelconque, la durée de la vie humaine ; il n'y a pas à s'arrêter à la circonstance que le jeu de la mortalité tient un rôle plus ou moins déterminant, plus ou moins direct, plus ou moins apparent ; par cela seul que des conditions de survie ou de décès se produisent, ces entreprises sont *ipso facto* assujetties aux prescriptions légales. Dès lors, rentrent dans les prévisions de la loi les Sociétés d'assurances sur la vie telles qu'elles fonctionnaient antérieurement, les Tontines, les Sociétés de rentes viagères, immédiates ou différées, les Caisses de retraites, les Institutions de prévoyance ou de philanthropie. C'est à la nature de l'opération qu'il faut s'en tenir. Par conséquent, la forme importe peu : qu'elle soit une Société anonyme ou une commandite, qu'elle soit une coopérative ou participation, qu'elle soit mutuelle, l'entreprise est assujettie. Pareillement, il est sans intérêt que la Société soit française ou étrangère : la nationalité ne constitue pas une cause d'exonération, les dangers auxquels le législateur entend obvier se produisant aussi bien avec une Société dont le siège est à l'étranger et qui fait des opérations en France qu'avec une Société française.

La loi nouvelle s'applique à l'Algérie, ainsi qu'aux Colonies de la Réunion, la Martinique, la Guadeloupe, la Guyane, l'Inde française et la Nouvelle-Calédonie.

Elle régit les Compagnies existantes au jour de la promulgation de la loi. Les dispositions dont elles bénéficiaient sous l'empire de la législation antérieure n'empêchent pas leur assujettissement aux prescriptions nouvelles, en principe du moins et sous réserve des mesures édictées à titre transitoire.

8. Le législateur a indiqué les exceptions qu'il entendait reconnaître; d'abord, les Sociétés de secours mutuels définies et régies par la loi du 1er avril 1898; en second lieu, les établissements nationaux, tels que la Caisse nationale des retraites pour la vieillesse, la Caisse d'assurances en cas de décès, à raison de la législation spéciale qui est applicable ; enfin, les institutions de prévoyance privées, régies par des lois spéciales, spécialement les Caisses de retraites des employés de chemins de fer, les Caisses des ouvriers mineurs, les Caisses de retraites patronales ou syndicales, ainsi que les Sociétés dites Chatelusiennes, destinées à procurer une rente à la suite d'un accident du travail.

La loi ne s'applique pas non plus aux Sociétés de capitalisation, non point que ses rédacteurs aient méconnu le danger que, dans certains cas, elles risquent de faire courir à l'épargne, mais parce qu'il leur faut des prescriptions spéciales que peut seule édicter une loi particulière actuellement en préparation.

Les exceptions doivent être entendues à la lettre. Il s'ensuit que de petites entreprises d'assurances au décès, de rentes viagères, de capitalisation tontinière, peuvent se convertir en Sociétés de secours mutuels pour échapper à la portée de la loi de 1905.

ENREGISTREMENT

9. Un des traits particuliers du régime nouveau est la substitution à l'autorisation préalable établie par l'article 66 de la loi du 24 juillet 1867 et accordée rigoureusement par un Décret du Chef de l'Etat rendu en Conseil d'Etat, de l'enregistrement opéré sur la demande même de la Société au Ministère du commerce.

Cet enregistrement est une condition essentielle pour le fonctionnement des entreprises faisant des opérations dans lesquelles intervient la durée de la vie humaine. Aussi toute entreprise de ce genre y est assujettie. Les Compagnies qui, antérieurement à la loi de 1905, fonctionnaient en vertu de l'autorisation accordée dans les termes de la loi de 1867, doivent elles-mêmes, et comme s'il s'agissait d'une entreprise créée sous l'empire de la loi nouvelle, réclamer l'enregistrement. Le Décret dont elles étaient bénéficiaires ne les exonère pas, il les met seulement en mesure de continuer leurs opérations à titre provisoire, jusqu'à l'insertion au *Journal officiel* de la décision d'enregistrement.

10. L'autorisation n'est donc plus nécessaire pour toute Société ou Compagnie qui, sous quelque nom et forme que ce soit, entend contracter des engagements dont l'exécution dépend de la durée de la vie humaine, à la condition que le tirage au sort n'intervienne ni pour l'exécution des contrats, ni pour l'attribution de bénéfices. Il lui suffira de demander son enregistrement au Ministère du commerce, dans des conditions déterminées toutefois. Ainsi il y aura lieu de joindre les pièces et justifications déterminées par un Règlement d'administration publique, — le certificat de dépôt à effectuer à la Caisse des dépôts et consignations, — à l'effet d'empêcher les Sociétés mal conçues de solliciter l'enregistrement.

Le service compétent examine si les conditions prescrites sont remplies, d'abord s'il s'agit bien d'opérations rentrant dans les prévisions de la loi, si la Société ne tend pas à rembourser par anticipation et au moyen de tirages un certain nombre de contrats, la loi de 1905 concernant non pas la loterie introduite dans l'assurance, mais bien l'*aléa* attaché à la durée de la vie humaine, s'il existe les garanties indiquées expressément par la loi et qui doivent se présenter aussi lors de la constitution de la Société qu'au cours de son fonctionnement. Puis le dossier est transmis au Comité consultatif des assurances, dont l'avis est rigoureusement obligatoire (V. n° 24). Et dans le délai de six mois à dater du dépôt de la demande, le Ministre du commerce statue.

Sous l'empire de la loi de 1867, le gouvernement n'était astreint à aucun délai pour la délivrance de l'autorisation.

La décision peut être conforme à la demande ou, au contraire, défavorable.

11. Si l'entreprise est admise à l'enregistrement, le Ministre fait mentionner l'enregistrement au *Journal officiel*. Cette insertion (absolument suffisante, sans aucune notification) donne à l'entreprise la capacité juridique et administrative en la soumettant aux prescriptions de la loi de 1905. A dater du jour où l'enregistrement a été publié, la Compagnie est habilitée, elle a une existence légale, elle peut valablement contracter, ester en justice. Sa liberté pourtant n'est pas absolue. D'une part, elle ne peut agir que sous réserve de la surveillance et du contrôle qu'organise le régime nouveau. En outre, elle doit limiter ses opérations à celles prévues par la loi et admises par la décision d'enregistrement, spécialement ne pas modifier d'elle-même et sans un nouvel enregistrement, obtenu dans les mêmes formes, ses statuts, ses tarifs de primes ou de cotisations, s'interdire la pratique de contrats ou l'attribution des bénéfices résultant d'un tirage au sort. Enfin elle est obligée de se conformer à certaines prescriptions d'une nature spéciale. C'est ainsi qu'il lui est enjoint de s'en tenir aux Tables de mortalité indiquées par l'Administration, de se conformer aux dispositions édictées par cette dernière pour le taux d'intérêt et les chargements d'après lesquels doivent être calculées au minimum les primes ou cotisations des opérations à réaliser, ainsi que les réserves mathématiques, de porter sur des registres spéciaux les contrats souscrits ou exécutés en France et en Algérie ; c'est ainsi pareillement qu'il faut observer les dispositions prises par l'autorité compétente tant pour les conditions dans lesquelles l'entreprise aura à fonctionner que pour les frais de gestion qui ne doivent pas dépasser un maximum qui sera fixé ultérieurement.

L'enregistrement est nécessaire non seulement pour les Compagnies fondées depuis la promulgation de la loi de 1905, mais aussi bien pour les Compagnies et Sociétés qui existaient auparavant (V. n° 9). La décision d'enregistrement consolide leur situation, mais elle a d'autres effets pour ces dernières. D'abord elles peuvent modifier sans autorisation du gouvernement leurs Statuts approuvés par Décret, à la condition toutefois de se conformer à la législation sur les sociétés. D'un autre côté, elles sont dispensées d'élever leur capital social au minimum de deux millions exigé pour les Sociétés qui se fonderont sous l'empire de la loi de 1905. De plus, elles sont en droit de conserver les placements faits antérieurement dans les termes de leurs Statuts, pour les placements à effectuer ultérieurement, elles auront à se conformer aux prescriptions nouvelles, avec cette réserve toutefois que l'emploi en placements sur première hypothèque, pour la moitié au plus de la valeur estimative, peut être renouvelé pour une somme égale à celle que ces Compagnies ou Sociétés consacraient à cet emploi antérieurement au 1ᵉʳ juillet 1904.

12. Sous l'empire du régime établi par la loi de 1867, en conformité d'une Lettre ministérielle du 18 janvier 1878, le gouvernement se réservait toujours, dans le Décret d'autorisation, le droit de revenir sur ce qu'il avait accordé, en cas de violation ou de non-exécution des statuts approuvés. Pareillement, l'enregistrement n'est pas irrévocable et une entreprise peut cesser d'en profiter, d'abord si la Compagnie manifeste implicitement son intention de n'en pas tirer parti en ne commençant pas ses opérations dans un délai que fixera un Règlement d'administration publique, ensuite et surtout si le fonctionnement est de nature à créer des périls pour les contractants. Seulement le retrait ne peut être prononcé que pour des motifs déterminés et dans des conditions fixées (V. n° 34).

Le retrait de l'enregistrement enlève toute capacité pour les opérations prévues par la loi de 1905 et entraîne la liquidation forcée de la société.

13. Mais de même que l'enregistrement peut être accordé à une entreprise destinée à fonctionner dans les conditions prescrites par la loi, cet enregistrement peut être refusé quand les opérations semblent devoir créer un danger pour les tiers. Il appartient au Ministre du commerce de notifier aux intéressés le refus de l'enregistrement.

Toutefois, la décision prise de ce chef n'est nullement arbitraire ; c'est, à ce point de vue, une différence capitale avec le régime établi par la loi de 1867.

En premier lieu, elle doit intervenir dans un délai déterminé, dans les six mois au plus à dater du jour de la demande.

Puis, le Ministre ne peut statuer qu'après l'avis du Comité consultatif des assurances, dont la délibération est rigoureusement obligatoire. Et le refus ne peut être prononcé que pour des raisons strictement déterminées : la méconnaissance des prescriptions édictées soit par la loi elle-même, soit par les décrets qu'elle prévoit, l'infraction aux lois générales, notamment aux lois sur les sociétés, c'est-à-dire aux lois de juillet 1867 et d'août 1893, s'il s'agit de sociétés françaises, à la loi de 1857 pour les sociétés étrangères, si, en vertu de cette loi, il est intervenu un Décret pour les Sociétés du pays auquel appartient celle qui a fait la demande d'enregistrement. Aucune autre cause ne pourrait être invoquée. Et le Ministre serait, par exemple, dans l'impossibilité d'arguer de la nouveauté de la combinaison à pratiquer par la Société si cette combinaison n'avait par elle-même rien de contraire à la législation. Pareillement le Ministre est privé du droit de contrôle pour les Statuts; ces derniers n'ont point à subir d'examen; du moment que les conditions imposées par la législation spéciale aux opérations d'assurance sont réalisées, les associés ont toute liberté pour régler le fonctionnement de la société.

Enfin, une voie de recours est ouverte en cas de refus d'enregistrement; un recours pour excès de pouvoir peut être formé au Conseil d'Etat. Là encore le législateur a innové, puisque, sous l'empire du régime antérieur, tout recours était non recevable. La loi va même plus loin, elle fixe un délai pour une solution (trois mois). Seulement, ce délai n'est que comminatoire; aucune sanction n'existe. En fait, du reste, avec la procédure à laquelle est soumis un excès de pouvoir, un jugement ne pourrait intervenir dans ce délai.

Le refus de l'enregistrement enlève à la Compagnie ou à la Société, d'une façon absolue, le droit de faire des opérations dans lesquelles intervient la durée de la vie humaine. Aucun acte se rapportant à des contrats de ce genre ne peut être fait. En tant que Compagnie d'assurances sur la vie (car rien ne s'oppose à ce qu'elle fasse des opérations rappelant quelque peu, mais avec des différences caractéristiques, le contrat d'assurance sur la vie), elle n'existe pas; s'il a été émis des actions avec la condition essentielle qu'il s'agirait d'une entreprise d'assurances sur la vie, les actionnaires sont en mesure de réclamer au fondateur la somme qu'ils ont versée; si des dépenses ont été faites en vue de l'entreprise, ils n'en peuvent être tenus en principe, sauf s'ils avaient connu la situation.

GARANTIES

14. La loi du 17 mars 1905 est destinée à procurer une sauvegarde aux assurés, elle tend à amener l'exécution des engagements pris par l'assureur, elle veut obvier aux circonstances susceptibles d'aboutir à une catastrophe rendant illusoires les contrats souscrits et faisant perdre le profit des versements de la prime annuelle. A ce titre, le législateur a multiplié les garanties.

Ces garanties sont : la réduction des dépenses de premier établissement ; l'existence d'un capital social ; la réserve mathématique : la réserve de garantie ; le droit aux bénéfices accumulés ; le privilège pour les sommes af-

fectées au service des contrats ; la solidité des placements.

15. *Réduction des dépenses de premier établissement.* — Ces dépenses sont parfois assez fortes, elles entament d'autant le capital social ; sous l'empire de la loi nouvelle, elles ne pourront dépasser une certaine somme qu'indiquera l'autorité compétente. D'un autre côté, il convient d'amortir au plus tôt ces premières dépenses, elles ne constituent, en effet, qu'un actif fictif ; or, il serait illusoire de porter dans une comptabilité un actif qui ne reposerait pas sur des valeurs réalisables ; elles seront à amortir chaque année par un prélèvement sur les bénéfices, et l'opération devra être terminée dans le délai de quinze ans.

Ces dépenses existent surtout pour les Compagnies anonymes, mais elles peuvent exister, bien que dans de moindres proportions, pour les mutuelles ; en pareille circonstance l'administration de la Société pourra affecter à ces frais un capital de garantie.

16. *Capital social.* — Le capital social d'une Société est la garantie des tiers qui traitent avec elle. Toute entreprise d'assurance doit en posséder un sous un nom différent : pour les Sociétés anonymes on en commandite, c'est un capital social proprement dit ; pour les mutuelles et les tontines, c'est un fonds de premier établissement. Ces garanties doivent être en rapport avec les opérations de l'entreprise ; trop faibles, elles ne permettraient pas de développer les opérations de la Société ; de là un danger pour les assurés, puisque l'assurance repose sur la loi des grands nombres, sur la multiplicité des risques pour permettre aux uns de compenser les autres. La loi fixe un minimum, 2 millions pour les Sociétés françaises anonymes ou en commandite, 50.000 fr. pour les Sociétés françaises mutuelles ou à forme tontinière, lesquelles doivent nécessairement procéder à un amortissement dans une période de quinze années.

De ce que le capital social constitue la garantie des tiers, il s'ensuit qu'une Société qui le voit diminuer crée une situation difficile pour les parties ; sa dissolution s'impose. Toutefois elle n'interviendra pas dans tous les cas, uniquement lorsque la perte sera de moitié.

17. *Réserve mathématique.* — La technique de l'assurance sur la vie exige impérieusement qu'à chaque contrat soit affectée une réserve mathématique qui, au total, représente la portion des primes reçues à mettre de côté au compte de chaque assuré pour parer à l'insuffisance des primes des dernières années si l'assurance se prolonge. Rationnellement, en effet, la prime devrait s'élever avec l'âge de l'assuré, et l'assuré vieilli aurait à payer plus que lorsqu'il a, dans sa jeunesse, souscrit une police. Par une pratique si constante que la démonstration est inutile, les Compagnies ont uniformisé le chiffre de la prime en faisant une moyenne entre la prime de la première année, qui est nécessairement la plus réduite, et la prime de la dernière année, fatalement la plus élevée ; l'excédent qui se produit au début et qui sert à compenser la modicité de la fin constitue la réserve mathématique, qui naturellement appartient au contrat lui-même, tout en étant déposé dans la caisse de l'assureur, mais avec une affectation spéciale, pour permettre de faire face au contrat. Le maintien rigoureux et strict de la réserve au profit du contrat qui a donné lieu à la constitution de cette somme est une absolue nécessité, puisque la suppression et même la réduction de la réserve mathématique empêcherait de payer le capital assuré.

Le législateur doit donc rendre la réserve intangible, faire en sorte que l'indemnité soit sûrement procurée à l'assuré. Une Compagnie d'assurances sur la vie n'est sérieuse qu'autant qu'elle peut instantanément régler ses sinistres, et elle ne le peut qu'en versant la réserve mathématique. Aussi la loi de 1905 rend obligatoire la constitution de ces réserves dans une forme que fixera un Règlement d'administration publique, mais seulement pour les opérations faites en France ou en Algérie, et de plus, elle prescrit les mesures propres à en faciliter le calcul et à empêcher ces réserves de ne pas être conformes à la réalité. Chaque année, toutes les entreprises d'assurances auront à produire la comparaison entre la mortalité réelle des assurés et la mortalité prévue par les Tables admises pour le calcul des réserves mathématiques et de leurs tarifs, ainsi qu'entre le taux de leurs placements réels et celui admis par les calculs susvisés. Les écarts entre la mortalité et le taux de l'intérêt adoptés pour le calcul des réserves et la mortalité et le taux réel ont un caractère purement accidentel ; si ces écarts se produisent toujours dans un sens défavorable, une revision devra avoir lieu ; le Ministre pourra alors prescrire, mais tous les cinq ans au plus, de nouvelles bases de calcul pour les opérations en cours et modifier les tarifs des primes ou cotisations pour les contrats futurs. Seulement, et à ce point de vue apparaît une fois encore la volonté du législateur de répudier tout arbitraire ; l'autorité compétente a un droit absolu soit pour rectifier les bases, soit pour impartir un délai en vue de ce travail, soit enfin pour fixer le montant des versements corrélatifs à la rectification des réserves mathématiques à l'expiration de chaque exercice, au moins en proportion de la fraction du délai encourue. Mais

les représentants de l'entreprise intéressée ont le droit d'être mis en demeure de fournir leurs observations ; il leur est loisible non seulement d'adresser un mémoire dans le délai d'un mois, mais d'insister pour être entendus. En d'autres termes, la décision ne peut intervenir qu'à la suite d'une procédure contentieuse.

L'inobservation des règles prescrites à ce propos serait de nature à motiver un recours pour excès de pouvoir et une annulation par le Conseil d'Etat de la décision irrégulièrement prise.

18. *Réserve de garantie.* — Les réserves mathématiques peuvent finalement être insuffisantes ; si bien organisées qu'elles soient, elles risquent, dans des cas rares, il est vrai, de ne pas être en mesure de fournir la somme voulue ; c'est qu'en effet, en matière d'assurance, on opère non pas sur des certitudes, mais bien sur des probabilités que les événements peuvent déjouer. La mortalité des clients d'une Compagnie peut être plus considérable, les fonds représentant la réserve mathématique peuvent subir des variations sensibles dans leur revenu. Afin de supprimer la possibilité d'une perte pour l'assuré, la loi de 1903 prévoit, en plus des réserves mathématiques, la création d'une réserve de garantie analogue au prélèvement prescrit par l'article 36 de la loi du 24 juillet 1867 (prélèvement fixé à un vingtième au moins). Cette réserve de garantie est destinée à parer aux écarts qui peuvent se produire entre les prévisions et les réalités soit pour la mortalité, soit pour le revenu des fonds. Cette réserve est indispensable pour le fonctionnement de l'assurance sur la vie. Aussi, et dans les conditions que déterminera l'autorité réglementaire, doit-elle exister dans toutes les entreprises, abstraction faite non seulement de la forme, mais encore de la nationalité. Ainsi une mutuelle est tenue comme une Compagnie par actions ; toutefois, il y a cette différence que la Compagnie par actions se trouvera par là même dispensée de l'établissement de la réserve spéciale imposée par l'article 36 de la loi du 24 juillet 1876 aux Sociétés anonymes ; il y aurait là un double emploi.

La loi ne reconnaît qu'une seule exonération, en faveur des Sociétés tontinières ; elle ne pouvait les soumettre à une réserve de garantie, puisqu'elles n'ont pas de réserve mathématique ; dans la tontine, en effet, il n'y a pas d'engagement fixe, tout dépend de la survivance à l'époque fixée pour la répartition.

19. *Droit aux bénéfices accumulés.* — Les Compagnies d'assurances sur la vie procurent à leurs assurés, directement et en fin d'exercice, une part dans les bénéfices réalisés par

l'encaissement des primes. Cette part, qui est fixée par elles à leur gré, représente le trop perçu sur la prime. En effet, l'assureur ne s'en tient jamais à la prime que fixe rigoureusement la Table de mortalité, il majore toujours cette prime, soit pour payer ses frais généraux, soit surtout pour arriver à l'uniformité, de façon que la prime n'augmente pas considérablement à chaque année, ainsi qu'elle le devrait rigoureusement. Pour cette répartition, la loi nouvelle n'apporte aucun changement à ce qui se passait antérieurement avec la loi de 1867, c'est-à-dire laisse toute latitude à l'assureur pour la répartition annuelle. C'est qu'en effet il s'agit là d'un bénéfice non plus aléatoire, mais à caractère déterminé.

Mais il en est autrement pour le procédé pratiqué notamment par les Compagnies étrangères, et qualifié de « police d'accumulation. »

Prise dans ses traits essentiels, cette combinaison consiste à réunir et à faire fructifier durant une certaine période, dite d'attente ou d'accumulation, les bénéfices revenant aux assurés, en attribuant la part, mais seulement aux assurés survivants. On le voit, c'est, en réalité, une opération tontinière avec ses défauts. Dans plusieurs pays, elle est interdite ou tout au moins frappée de taxes et d'impôts spéciaux. Le législateur français n'a pas cru devoir aller jusque-là, il n'a pas prohibé le système d'accumulation des bénéfices, mais il a jugé à propos de le soumettre à une étroite réglementation ; il a été déterminé par cette considération d'abord qu'il s'agit d'une opération vraiment tontinière, puisque l'accroissement aux survivants de la part des prémourants dans une masse commune est le signe caractéristique de la tontine, mais ensuite et surtout parce que les répartitions lointaines, sans bases connues, se faisaient sans réalité et sans contrôle. La loi veut obvier au mirage que produisait la promesse des Compagnies étrangères, qui entendaient bien engager leurs assurés sans se lier elles-mêmes. Les bénéfices ne pourront plus être l'objet d'une gestion occulte et arbitraire permettant aux administrateurs non pas seulement de renforcer en tant que de besoin certaines réserves, mais encore et surtout de se livrer à une publicité qui désarmait la concurrence et bien des fois finissait par triompher de résistances justifiées. Le régime consiste à imposer des écritures fournissant le moyen de connaître la formation progressive du bénéfice destiné à revenir à chaque assuré à la fin de la période d'accumulation, afin que la dette de la Compagnie soit toujours facile à connaître à une époque quelconque. Pour chaque police d'accumulation, il doit être établi un compte individuel ; la Compagnie n'aura point la lati-tude de verser chaque année en espèces à l'assuré la part des bénéfices à laquelle il a droit, d'après les clauses de la police, elle est obligée d'en créditer son compte, le solde de ce dernier indiquera à tout moment à combien le participant a droit.

Ces prescriptions s'appliquent aux Sociétés qui, bien que qualifiées de ce nom, ne sont pas des mutuelles, mais constituent, en réalité, des Sociétés de gestion, aux entreprises d'accumulation. Elles ne sauraient donc concerner les Sociétés qui distribuent immédiatement après l'exercice qui les a produits les bénéfices attendus. Les mutuelles proprement dites ne sont pas soumises à ce régime. Il en est ainsi même quand ces mutuelles s'adjoignent un système tontinier consistant à laisser les bénéfices former une masse commune à distribuer à une époque déterminée (comme dans la tontine ordinaire), et la raison en est bien simple : l'assuré sait exactement ce qu'il apporte chaque année à la masse commune ; un compte individuel mentionnant chaque année la part que représente son apport serait inutile.

20. *Droit de privilège en faveur des assurés.* — Les réserves mathématiques, la réserve de garantie, le montant des bénéfices accumulés au nom des assurés et destinés à une répartition ultérieure, ne peuvent pas appartenir en principe à des personnes autres que les assurés ; et pourtant sous l'empire de la loi de 1867, à défaut de dispositions spéciales, en cas de liquidation de la Compagnie, les créanciers de cette dernière étaient en mesure d'agir. Pour parer à ce résultat, la loi du 4 mars 1905 accorde aux assurés, et sur l'actif de la Société, un privilège pour le règlement des opérations d'assurances. Ce privilège, qui empêchera la confusion, prendra rang après le paragraphe 4 de l'article 2101 du Code civil. Il s'étend aux opérations réalisées en France et en Algérie et encore à tous les contrats souscrits aussi bien en Tunisie, dans les pays de protectorat et dans les colonies françaises, que dans les pays étrangers.

21. *Droit de gage pour les fonds appartenant aux Compagnies étrangères.* — Les Compagnies françaises peuvent continuer à gérer les fonds constituant leurs réserves ; elles sont, en effet, soumises au contrôle exercé par les fonctionnaires spéciaux, lesquels ont notamment le droit de se faire représenter les valeurs. Il n'en est pas ainsi pour les Compagnies étrangères qui ont leur siège à l'étranger, et dont la gestion centrale, par conséquent, échappe à la surveillance de l'autorité française : elles peuvent bien conserver en France des valeurs mobilières, mais pas en totalité ; la portion de leur actif correspondant à leurs opérations, dans les pays régis par la loi de 1905, doit être placée à la Caisse des dépôts et consignations ; par cela seul les assurés ont un privilège, dans les termes de l'article 2073 du Code civil, sur ces valeurs pour les contrats souscrits ou exécutés en France et en Algérie. Le dépôt et le retrait des valeurs s'effectueront dans les conditions prescrites par un Règlement d'administration publique.

22. *Solidité des placements.* — Les opérations faites en France par des Sociétés françaises, de même que les contrats souscrits ou exécutés en France ou en Algérie par les Compagnies étrangères, doivent être garanties par un actif réel et certain. A cet effet, le gouvernement a le droit de déterminer quels biens mobiliers et immobiliers représenteront l'actif ; les Compagnies sont tenues de se conformer aux injonctions résultant d'un Règlement d'administration publique. Elles devront, en outre, se soumettre aux prescriptions concernant le mode d'évaluation annuelle des différentes catégories de placements, ainsi que les garanties à présenter pour les valeurs qui ne pourraient avoir la forme nominative. D'autre part, l'administration a le droit de connaître les variations qui se produiraient pour cet actif, gage des assurés : les modifications survenues dans la composition devront périodiquement, et dans des formes qui seront indiquées, être portées par les Compagnies à la connaissance du Ministre.

SURVEILLANCE

23. A la surveillance édictée par l'article 66 de la loi du 24 juillet 1867, surveillance absolument illusoire et nominale, la loi nouvelle a substitué une surveillance réelle et effective.

24. Tout d'abord elle a créé un organe spécial : le Comité consultatif des assurances sur la vie, qui, composé de personnes particulièrement compétentes (1), est chargé d'éclairer le

(1) Ce Comité, institué au Ministère du commerce, comprend vingt et un membres : deux sénateurs et trois députés élus par leurs collègues ; le directeur de l'assurance et de la prévoyance sociales au Ministère du commerce ; le directeur général de la Caisse des dépôts et consignations ; un représentant du Ministère des finances ; trois membres agrégés de l'Institut des actuaires français ; le président de la Chambre de commerce ou un membre délégué par lui ; un professeur de la Faculté de droit de Paris ; deux directeurs ou administrateurs de sociétés d'assurances à forme mutuelle ou à forme tontinière ; deux directeurs ou administrateurs de sociétés anonymes ou en commandite d'assurances ; quatre personnes spécialement compétentes en matière d'assurances sur la vie.

Un décret du 17 mars (*J. off.* du 20 mars 1905) a indiqué comment seront choisis les membres du Comité, comment sera composé son bureau ; il a aussi proclamé le droit pour le Comité, d'accord avec le ministre, d'entendre les personnes qu'il jugerait en état de l'éclairer sur les questions qui lui sont soumises.

gouvernement sur les questions soulevées par l'application de la loi. Il devra être consulté obligatoirement non seulement pour la préparation des Règlements destinés à assurer la stricte application de la loi et à indiquer les dispositions de détail qui ne pouvaient figurer dans la loi, de même il aura à préciser la forme des tableaux à annexer aux comptes rendus d'opérations dont la loi propose la rédaction et il statuera sur le mode de recrutement des commissaires contrôleurs et, bien entendu, sur toutes les questions que le Ministre du commerce croira devoir lui déférer. Mais le Comité aura à intervenir d'une façon plus importante encore : c'est ainsi que toute demande d'enregistrement devra lui être soumise ; d'autre part, il aura à connaître des propositions de l'administration tendant : 1° à l'annulation de l'enregistrement des entreprises qui ne fonctionneraient plus en conformité des dispositions légales ou statutaires ; 2° à la rectification, pour les risques en cours, des bases du calcul des réserves mathématiques et le remaniement des tarifs de primes ou cotisations ; 3° à l'établissement des bases du calcul des réserves mathématiques relatives aux opérations réalisées antérieurement à l'application de la loi par les entreprises actuellement existantes. Dans ces trois derniers cas, le Ministre ne peut statuer qu'après l'avis conforme du Comité.

Le recours au Conseil d'Etat pour excès de pouvoir serait donc recevable contre toute décision prise de ce chef *proprio motu* par le Ministre du commerce. Une Compagnie d'assurances qui se verrait enlever, dans ces conditions, le bénéfice de l'enregistrement, serait en droit de prétendre que la mesure n'a pas été prise dans les formes légales. La même voie de recours existerait pour le cas où un enregistrement aurait été refusé par les bureaux du Ministère seuls.

25. Pour certaines délibérations que le Comité doit prendre, il faut au moins la présence de neuf membres (rectification des bases du calcul des réserves mathématiques des opérations en cours et des tarifs des primes ou cotisations ; retrait du bénéfice de l'enregistrement ; fixation des bases du calcul des réserves mathématiques des opérations réalisées antérieurement à la mise en vigueur du Décret relatif aux Tables de mortalité, au taux d'intérêt et aux chargements des primes ou cotisations) ; une décision votée dans une séance où ne siégeraient pas neuf membres serait nulle, et le Conseil d'Etat aurait à en prononcer l'invalidation, comme rendue au mépris des formes fixées par la loi.

Le Comité consultatif est assisté par des fonctionnaires spéciaux, chargés d'exercer la surveillance sur les entreprises soumises au

régime de la loi : les commissaires contrôleurs assermentés, recrutés dans les conditions fixées par un Décret ; la désignation doit
résulter d'un concours; leur mission est de vérifier sur place, et à toute époque, toutes les
opérations ; aussi est-il nécessaire qu'ils pos-
sèdent des connaissances étendues en ce qui
concerne la technique des assurances. La situation des commissaires contrôleurs est
identique à celle des commissaires institués
pour l'application de la loi du 9 avril 1898 sur
les accidents du travail.

26. Mais le Ministre a le droit de ne pas s'en
tenir à l'intervention de ces agents ; la loi lui
confère le droit de déléguer d'autres personnes, à la condition, toutefois, que cette délégation ne soit qu'exceptionnelle.

27. La surveillance et le contrôle des Compagnies soumises à la loi de 1905 s'exercent de
plusieurs façons.

28. D'abord, il y a la publicité. Le législateur
de 1905 s'est inspiré, mais en le rendant plus
effectif, du système pratiqué sous l'empire des
Décrets d'autorisation, qui imposaient aux
Sociétés l'obligation de remettre tous les six
mois au Ministre du commerce, au Préfet de
la Seine, au Préfet de police et au tribunal
de commerce, un état de situation dressé
dans des formes spéciales et destiné à être publié au *Journal officiel*. L'entreprise assujettie, quelle que soit sa forme, doit chaque
année publier en français le compte rendu de
ses opérations avec états et tableaux annexes,
l'Administration étant libre de fixer un mo-
dèle, mais à la condition qu'elle agisse trois
mois au moins avant l'ouverture de l'exercice. Pareillement, l'entreprise est obligée de
publier annuellement et à ses frais, et dans
des conditions qu'un Arrêté ministériel déterminera dans le même délai, au *Journal officiel*, un compte rendu ; ce dernier peut être
sommaire, mais de toute nécessité la direction de la Compagnie ou de la Société a à
comprendre les trois documents qui, à eux
seuls, permettent d'apprécier l'état des affai-
res : le compte général des profits et pertes ; la
balance générale des écritures ; le mouvement général des opérations en cours.

29. En second lieu, le compte rendu doit être
mis à la disposition des parties intéressées :
l'assuré ou l'associé qui juge à propos de l'obtenir n'a qu'à le demander en payant la
somme de 1 fr. au maximum.

30. Enfin et surtout, il y a la communication du compte rendu, avec états,
tableaux et annexes, à l'autorité. Cette communication est de deux sortes : toute Société est astreinte à déposer le compte
rendu au greffe du tribunal civil et du tribunal de commerce tant du département

de la Seine que du siège social ; mais,
en outre et surtout, elle est tenue de produire, à la date indiquée trois mois avant l'ouverture de l'exercice, le compte rendu annuel
de ses opérations au ministère. Seulement il
y a une différence essentielle ; tandis qu'il ne
doit être transmis au greffe que le compte
rendu annuel, le Ministre a le droit de réclamer tous les documents et éclaircissements
qui lui sont nécessaires. Le Ministère a un
droit absolu à cet égard : il peut agir à tout
moment, il lui suffit d'indiquer les formes et
les délais dans lesquels l'entreprise devra
faire les justifications.

31. Pour les Compagnies étrangères, le législateur a établi un régime spécial.

En premier lieu, c'est la langue française
qui doit être employée pour la rédaction des
conditions générales et particulières, ainsi que
pour les avenants et tous autres documents
se rapportant à l'exécution des contrats. La
loi n'interdit pas l'usage de la langue étrangère, mais il doit y avoir une traduction française, et c'est cette dernière qui seule fait foi
à l'égard des assurés français, en cas de différence entre les deux textes. D'un autre côté,
les documents relatifs aux opérations de la
Compagnie étrangère doivent obligatoirement
être produits au Ministère, dans un délai qu'il
déterminera, et la communication devra se
faire par une traduction française certifiée
conforme.

En outre, la Compagnie étrangère, pour
toutes les opérations relatives aux contrats
souscrits ou exécutés en France et en Algérie,
doit, d'une part, avoir en France et en Algérie
un siège spécial, une comptabilité spéciale,
de façon à *franciser*, pour ainsi dire, toute la
part d'entreprise qui intéresse les assurés
français ; d'autre part, avoir un agent préposé
à la direction de toutes les opérations faites
par la Compagnie avec ou pour des Français.
Cet agent, muni de pouvoirs statutaires suffisants, représente seul la Compagnie vis-à-vis
des assurés comme vis-à-vis du Ministère
auprès duquel il est accrédité. C'est lui seul
qui signe les polices, les avenants, les quittances et autres pièces relatives aux opérations
réalisées en France ou en Algérie. C'est à lui
que devront s'adresser les titulaires de contrats souscrits dans ces pays. C'est lui, pareillement, qui représente la Compagnie devant
les tribunaux.

32. Les frais de la surveillance et du contrôle incombent aux entreprises, ils sont grou-
pés et répartis entre elles au prorata du montant global des primes et des cotisations de
toute nature, encaissées par elles au cours de
l'exercice, à l'exception des opérations réalisées hors de France et d'Algérie, par les entreprises étrangères. Les Compagnies et So-

ciétés ne sont pas cependant soumises d'une façon absolue et arbitraire à l'Arrêté ministériel qui fixe leur part. D'un côté, si elles ne sont tenues que pour les frais de la surveillance et du contrôle, sans distinction, il est vrai, puisque la loi ajoute ces mots : « de toute nature, » d'autre part, elles ne peuvent payer que si la somme réclamée est conforme à la proportion indiquée. Enfin, chacune d'elles est en mesure de refuser tout ce qui excéderait 1 p. 1000 du montant de ses primes ou cotisations, car c'est un maximum. Les Décrets d'autorisation, sous le régime antérieur, mettaient également à la charge de la Compagnie bénéficiaire les frais de surveillance ; la Société était tenue jusqu'à concurrence de 2,000 fr.

PÉNALITÉS

33. Le législateur a entendu créer un régime sérieux, effectif, et ne plus laisser l'autorité désarmée, comme sous l'empire de la loi de 1867. Il a établi des sanctions. Ces sanctions sont de plusieurs sortes, civiles en quelque sorte, pénales aussi.

34. En premier lieu, l'entreprise régie par la loi de 1905, qui contreviendra aux prescriptions de cette dernière, sera exposée au retrait du bénéfice de l'enregistrement, retrait intervenant dans des conditions particulières destinées à procurer toute garantie à l'intéressé. Ainsi, le retrait est prononcé, non pas par un simple Arrêté ministériel, mais par un Décret ; il ne peut avoir lieu que sur l'avis conforme du Comité consultatif des assurances sur la vie, lequel statue par avis motivé, à la suite d'une véritable procédure ; le Ministre doit mettre en demeure les représentants de l'entreprise de fournir des observations par écrit ou d'être entendus, non pas seulement en personne, mais aussi bien par des représentants légaux tels que des avocats ; cet avis doit être donné un mois à l'avance, il doit aussi être accompagné du relevé des irrégularités incriminées. Le Comité est obligé de prononcer dans le mois suivant.

35. Le Décret est susceptible d'être déféré au Conseil d'Etat, mais uniquement pour excès de pouvoir ; le demandeur a le droit de relever la méconnaissance des règles prescrites spécialement ; il peut arguer aussi de ce que les irrégularités ne sont pas de celles auxquelles le législateur attache une importance capitale. Le retrait de l'enregistrement est une sanction extrême, réservée pour les cas graves, pour une Société paraissant sérieusement atteinte ; le Conseil d'Etat serait en mesure d'annuler la décision qui infligerait cette peine à la suite d'irrégularités non prévues par la loi ou les Règlements d'administration publique.

Le recours doit, à peine de déchéance, être formé dans un délai spécial, dans les huit jours suivant le jour où la notification aura eu lieu. Par une dérogation à la règle que le recours au Conseil d'Etat n'est pas suspensif, le seul dépôt d'un recours au Secrétariat du Contentieux du Conseil d'Etat suffira à paralyser l'effet du Décret, la Compagnie, même en présence de ce Décret, est en droit de continuer ses opérations, et elle ne cessera d'être habilitée, non pas même le jour où le Conseil d'Etat aura prononcé le rejet du recours, mais exclusivement le jour où le Décret attaqué, étant devenu définitif, l'insertion aura eu lieu au *Journal officiel*.

Le Conseil d'Etat doit bien statuer dans le mois suivant l'enregistrement du recours au Secrétariat du Contentieux, mais il ne faut pas prendre à la lettre la disposition qui a fixé ce délai, car en fait, il n'est pas possible de faire juger une affaire au contentieux dans un délai si restreint, et d'ailleurs il n'existe aucune sanction. Ce que le législateur a voulu évidemment, c'est donner un caractère d'urgence à l'affaire et indiquer au Conseil d'Etat que la solution devra intervenir rapidement.

36. La loi ne punit pas seulement les irrégularités assez graves pour faire prononcer le retrait du bénéfice de l'enregistrement à la Société dont le fonctionnement risque de constituer un danger public. Elle réprime des faits qui constituent à la charge de l'entreprise des négligences, des retards, une résistance injustifiée à des injonctions, mais elle n'édicte que des amendes, et encore des amendes graduées selon le caractère de gravité des infractions.

37. Le retard dans la production des documents et éclaircissements demandés par le Ministre (indépendamment des documents dont le dépôt est obligatoire), ainsi que dans la remise pour les Compagnies étrangères de la traduction française des documents étrangers que l'administration juge à propos de réclamer, est passible d'une amende de 20 fr. par chaque jour de retard.

Cette amende s'élève à 100 fr. par jour lorsqu'il s'agit des tableaux comparatifs soit entre la mortalité réelle des assurés de l'entreprise et la mortalité prévue par les Tables admises pour le calcul de ses réserves mathématiques et de ses tarifs, soit entre le taux de ses placements réels et celui qui a été admis par l'autorité compétente. Il en est de même quand le retard porte sur la publication du compte rendu annuel, sur son dépôt tant dans les bureaux ou greffes où il doit avoir lieu, sur la délivrance à tout intéressé (ou la délivrance hors des conditions imposées par la loi), que sur la publication au *Journal officiel* ;

2

une amende de 100 fr. est également encourue par l'entreprise assujettie qui ne dresse pas, dans la forme prescrite par Arrêté ministériel, les états et tableaux à annexer au compte rendu ou quand elle ne laisse pas faire les vérifications nécessaires par les commissaires contrôleurs.

Ces amendes, qualifiées d'*administratives* par la loi elle-même, sont encourues de plein droit, elles découlent automatiquement des irrégularités constatées et sans qu'aucune mise en demeure soit exigible. Seulement, un débat peut s'engager devant les tribunaux. On l'a reconnu expressément au cours de la discussion. De ce que la loi déclare que ces amendes seront recouvrées, comme en matière d'enregistrement, à la requête du Ministre du commerce, il suit que le représentant de l'entreprise peut, comme en matière d'enregistrement, faire opposition aux contraintes qui seraient décernées et porter le litige devant le tribunal civil, dont le rôle consisterait à rechercher si l'infraction relevée est bien de celles que réprime la loi.

La procédure sera celle usitée pour les procès en matière d'enregistrement, signification de mémoires et prohibition de tout débat oral.

Du caractère même de l'amende, il suit que le juge ne peut la modérer; l'article 463 du Code pénal n'est du reste pas applicable en pareil cas.

38. Des infractions plus graves sont prévues. Les réserves mathématiques risquent de ne pas être égales à la différence entre les valeurs des engagements respectivement pris par l'entreprise et par les assurés dans les conditions indiquées par un Décret d'administration publique; la part des bénéfices revenant aux assurés, et non payables immédiatement, peut ne pas être inscrite au compte individuel à établir et à adresser à chaque assuré; les valeurs que les Compagnies étrangères doivent avoir pour représenter la portion de l'actif correspondant aux opérations effectuées en France peuvent ne pas être déposées à la Caisse des dépôts et consignations; les prescriptions du Règlement d'administration publique peuvent ne pas être observées pour le placement des biens représentant l'actif des Compagnies françaises et la portion de l'actif des entreprises étrangères afférente aux contrats souscrits ou réalisés en France ou en Algérie; il peut en être de même relativement au mode d'évaluation imposé par l'autorité, et les justifications nécessaires peuvent ne pas être transmises au Ministère ou même être rédigées dans des formes autres que celles indiquées; les modifications introduites dans leurs Statuts par les Compagnies créées avant la promulgation de la loi actuelle peuvent ne pas être conformes à la législation

sur les sociétés; les entreprises peuvent ne pas tenir compte de l'Arrêté ministériel fixant les bases du calcul des réserves mathématiques des opérations réalisées antérieurement à la mise en vigueur du Décret relatif à l'emploi des différentes Tables de mortalité, au taux d'intérêt et aux chargements d'après lesquels doivent être calculées au minimum les primes ou cotisations des opérations à réaliser, ainsi que les réserves mathématiques; enfin, l'entreprise peut inobserver les dispositions du Décret fixant tant la réserve de garantie, les Tables de mortalité, le taux d'intérêt et les changements pour le calcul du minimum exigible pour la prime ou la cotisation, les conditions de dépôt et de retrait des valeurs que les Compagnies étrangères doivent affecter à la garantie des contrats conclus ou à exécuter en France et en Algérie, que les dispositions relatives à la gestion des entreprises tontinières ou que la forme imposée pour l'inscription sur des registres spéciaux des contrats souscrits ou exécutés en France ou en Algérie.

Dans ces différents cas et sans préjudice des constatations et des poursuites de droit commun, il y a une contravention d'une nature spéciale qui, établie par procès-verbaux des commissaires enquêteurs (lesquels font foi jusqu'à preuve contraire), est passible d'une amende de 100 fr. à 5,000 fr. et, en cas de récidive, de 5,000 fr. à 10,000 fr., avec le bénéfice toutefois de l'article 463 du Code pénal, mais avec l'insertion obligatoire, aux frais du condamné, du texte du jugement, tant dans le *Journal officiel* que dans deux autres journaux au moins désignés par le tribunal. L'amende a ici le caractère d'amende judiciaire; elle est infligée, sur la poursuite du ministère public, par le tribunal correctionnel, avec faculté d'appel et de pourvoi en cassation.

39. Toute personne qui propose ou fait souscrire une police d'assurance sur la vie avant l'enregistrement constaté par la publication au *Journal officiel*, ou bien après soit le refus, soit le retrait de l'enregistrement; tout administrateur ou directeur d'entreprise qui réalise une opération dans les mêmes conditions, encourt une amende de 16 fr. à 100 fr. C'est la sanction du principe fondamental de la loi nouvelle. Cette peine est encourue pour chacune des opérations irrégulières, s'il y en a été fait plusieurs. Elle est prononcée par le tribunal correctionnel, qui peut soit la modérer en vertu de l'article 463 du Code pénal, soit, s'il y a récidive, ajouter la peine de l'emprisonnement, mais pour un mois au plus et, dans tous les cas, le jugement doit être publié aux frais du condamné dans les conditions indiquées plus haut.

La voie de l'appel et celle du pourvoi en cassation sont également ouvertes à la partie condamnée.

40. La publicité en matière d'assurances a pris un développement considérable; souvent les tribunaux ont eu à statuer sur des abus commis, et des contrats ont été passés parfois avec la conviction erronée que l'entreprise fonctionnait dans des conditions parfaites de sécurité, que ses opérations étaient couvertes par l'autorité publique. Le législateur n'interdit pas la publicité, mais il entend parer aux agissements susceptibles d'amener des confusions. Les entreprises assujetties à la loi de 1905 ont seules à mettre sur leurs prospectus, affiches, circulaires et tous autres documents destinés à être distribués au public ou publiés, à la suite du nom ou de la raison sociale, cette mention : « Entreprise privée assujettie au contrôle de l'Etat. » C'est pour elles, et sous la sanction des peines indiquées précédemment (amende de 16 fr. à 100 fr. avec emprisonnement en cas de récidive et publication forcée du jugement), une obligation, avec cette circonstance qu'il leur est interdit d'insérer dans les mêmes documents aucune assertion capable d'induire en erreur soit sur la véritable nature ou l'importance réelle des opérations, soit sur la portée du contrôle.

Mais c'est aussi un droit pour les entreprises soumises au régime de la loi de 1905; les exploitants qui se présenteraient abusivement comme assujettis au contrôle de l'Etat seraient passibles des mêmes peines.

41. Enfin les peines édictées par l'article 405 du Code pénal, mais avec la faculté pour le juge de les modérer par le bénéfice des circonstances atténuantes, sont encourues par le fait de déclaration ou de dissimulation dans les comptes rendus et tous autres documents que l'entreprise doit produire au Ministère du commerce, soit porter à la connaissance du public. Seulement la loi ne punit pas tout fait de ce genre; elle ne vise que le cas où l'entreprise a agi avec intention frauduleuse, pour tromper l'administration ou les tiers. Ces derniers pourraient, de plus, réclamer une réparation civile dans les termes du droit commun.

DÉLÉGATION DU POUVOIR RÉGLEMENTAIRE

42. La loi du 17 mars 1905 se distingue par un trait spécial : elle confirme la tendance de plus en plus manifeste de ne faire régler par la loi que les points essentiels et de laisser au pouvoir exécutif le soin de statuer sur les questions de détail. Le législateur pouvait difficilement édicter des mesures dans ce dernier cas : d'une part, il s'agit de ma-
tières complexes, techniques ; d'autre part, les mesures à adopter doivent avoir une certaine souplesse, en raison des modifications que peut requérir, d'après l'expérience, la mobilité même du fonctionnement des Sociétés surveillées. La loi précise la manière dont le régime établi par elle doit être appliqué, définit les principes et les bases fondamentales de la surveillance et du contrôle, mais laisse à des Décrets le soin de préciser les conditions de fonctionnement de certains points de la loi.

Mais le pouvoir réglementaire doit être exercé dans les conditions indiquées par la loi. Ainsi ces Décrets doivent être rendus dans la forme légale et ils ne sauraient édicter des prescriptions outrepassant la délégation.

Le Conseil d'Etat statuant au contentieux serait compétent pour statuer en pareil cas et le juge de répression, au cas où il serait saisi d'une poursuite au vu d'un de ces Décrets, a le droit de vérifier l'existence, la force obligatoire et, le cas échéant, de refuser d'appliquer le Décret en tout ou en partie.

43. Toutefois la loi a établi une distinction selon l'importance des questions à envisager.

Un Règlement d'administration publique, c'est-à-dire un Décret rendu après avis du Conseil d'Etat, sur la proposition des Ministres du commerce et des finances, détermine les placements dont doit se composer l'actif des entreprises assujetties à la loi et les garanties à réclamer pour les valeurs qui ne présenteront pas la forme nominative. Pour les autres mesures qui sont destinées à permettre le fonctionnement du contrôle, il doit intervenir des Décrets, mais des Décrets rendus après avis du Comité consultatif des assurances sur la vie, car il s'agit de trancher des questions actuarielles ou administratives, pour lesquelles il faut des compétences particulières.

Commentaire du décret du 12 mai 1906 portant règlement d'administration publique sur la constitution des sociétés d'assurances-vie à forme mutuelle ou tontinière [1].

Historique

1. L'article 66 de la loi du 24 juillet 1867 laissait en dehors du nouveau régime institué les associations de la nature des tontines et les Sociétés d'assurances sur la vie, mutuelles ou à primes; le décret du 22 janvier 1868 ne leur était pas plus applicable, c'était le décret d'autorisation qui les organisait et les réglementait minutieusement. Comme le disait très justement l'exposé des motifs de la loi du 17 mars 1905, « chacune des entreprises échappant à la législation de droit commun qui eût régi sa constitution n'a plus pour loi, à ce point de vue, que ses Statuts mêmes. »

La loi du 17 mars 1905 supprimant l'autorisation préalable, chaque Société a par cela même le droit d'organiser son régime intérieur comme bon lui semble, à charge cependant de suivre les lois générales sur la constitution des Sociétés et en conséquence l'article 22, § 2, de la loi de 1905 décida qu'un règlement d'administration publique déterminerait les conditions dans lesquelles pourront être constituées les sociétés d'assurances sur la vie à forme mutuelle ou tontinière. C'est le décret du 12 mai 1906, manifestement inspiré par le décret du 23 janvier 1868, dont il reproduit même plusieurs dispositions.

2. Il comprend trois titres consacrés : le premier aux dispositions générales, le second aux mutuelles, et le troisième aux tontines.

COMMENTAIRE

TITRE Ier

DISPOSITIONS GÉNÉRALES

1° *Formation de la Société*

3. Pour se constituer, une Société d'assurances sur la vie, à forme mutuelle ou tontinière, peut recourir soit à un acte authentique, soit à un acte sous seing privé, fait en

(1) *Journal officiel*, 15 mai 1906 et *infra*, p. 44.

double original, quel que soit le nombre des signataires.

4. Les fondateurs doivent dresser des projets de Statuts insérés sur les listes destinées à recevoir les adhésions et qui indiquent l'objet, la durée, le siège, la dénomination de la Société, le montant du fonds de premier établissement ; ils fixent aussi le nombre d'adhérents et le minimum de valeurs de contrats au-dessous desquels la Société ne peut être valablement constituée, ainsi que la quote-part des premières cotisations qui devra être versée avant la constitution de la Société. Ils déterminent encore les conditions dans lesquelles les engagements seront contractés entre la Société et les adhérents. Déclaration passée devant notaire doit être faite de ce que le nombre des adhérents et le minimum de valeurs de contrats, fixés par les Statuts, ont été réunis. A cette déclaration doivent être joints : une liste nominative dûment certifiée des adhérents, avec l'indication du montant des contrats souscrits par eux ; l'un des doubles de l'acte de société ou une expédition, s'il est notarié et passé devant un notaire autre que celui qui a reçu la déclaration, enfin l'état des versements effectués.

5. La Société n'est pas encore définitivement constituée, elle ne le sera que lorsque les membres du Conseil d'administration et les Commissaires auront accepté. Ces administrateurs et ces commissaires sont nommés par la première assemblée générale, convoquée à la diligence des fondateurs et qui doit vérifier la sincérité de la déclaration faite devant notaire.

6. Après cette constitution, dans le mois qui suit doit être déposée au greffe du tribunal civil de l'arrondissement dans lequel se trouve le siège de la Société, une expédition de la déclaration faite devant notaire et de ses annexes, ainsi qu'une copie certifiée des déclarations prises par l'assemblée générale constitutive.

Les pièces doivent être à la disposition du public ; expédition ou extrait peut en être délivré aux frais de l'intéressé, ainsi d'ailleurs qu'une copie certifiée des Statuts.

7. Dans le même délai d'un mois, un journal du lieu où siège le tribunal, ou, à son défaut, un journal du département publiera un extrait de l'acte constitutif et des pièces annexées.

Cet extrait doit contenir toutes indications utiles au public (V. art. 9 du décret) ; en particulier, il doit faire connaître s'il sera constitué ou non un fonds de garantie ; il est signé, en ce qui concerne les actes publics, par le notaire ; pour les actes sous seing privé, par les membres du Conseil d'administration.

8. Les formalités prescrites pour la formation de la Société sont exigibles pour toutes les modifications ainsi que pour le changement du nom, la continuation de la Société au delà du terme fixé, ou cessation anticipée, etc.

2° Administration. — Organisation de la Société

9. Les membres du Conseil d'administration sont nommés pour six ans au plus ; ils sont rééligibles, sauf stipulation contraire.

Ils peuvent être désignés par les Statuts, mais dès lors il faut mentionner expressément que leur nomination ne sera pas soumise à l'assemblée générale, et leurs pouvoirs ne peuvent excéder trois ans.

10. Ils doivent être pris, au nombre de cinq au moins, parmi les adhérents remplissant certaines conditions déterminées par les Statuts ; ils élisent tous les ans parmi eux un président, un vice-président et un secrétaire rééligibles.

11. Le Conseil d'administration est tenu de se réunir au moins une fois par mois, et les délibérations ne sont valables que si la moitié plus un des membres est présente.

Le vote ne peut être acquis qu'à la majorité absolue ; le vote par procuration est interdit.

Les pouvoirs du Conseil d'administration sont fixés par les Statuts ; cependant le décret du 12 mai 1906 le charge d'apurer le compte des frais de premier établissement et de le soumettre à l'assemblée générale.

12. La délégation des pouvoirs soit à un des membres du Conseil, soit à un Directeur pris en dehors de son sein, peut être autorisée par les Statuts.

13. L'assemblée générale doit désigner pour un an, soit parmi les adhérents, soit en dehors, un ou plusieurs Commissaires. Au cas où cette nomination n'aurait pas été faite, ou en cas de refus, d'empêchement des Commissaires, tout intéressé est en droit d'adresser une requête au tribunal du siège de la Société, et celui-ci, le Conseil d'administration dûment appelé, procède à la nomination ou au remplacement. Les Commissaires sont chargés de faire à l'assemblée générale un rapport sur la situation de la Société, sur le bilan et sur les comptes prescrits par l'administration.

14. Ce rapport est prescrit à peine de nullité pour la délibération contenant approbation du bilan et des comptes.

15. En vue du travail qu'ils ont à présenter, les Commissaires ont droit, dans les trois mois qui précèdent l'assemblée générale, de prendre communication des livres et d'examiner les opérations ; ils peuvent convoquer l'assemblée générale, en cas d'urgence.

16. L'assemblée générale est annuelle, elle se réunit à l'époque fixée par les Statuts. Ceux-ci indiquent le minimum de valeur des contrats à souscrire pour être admis à faire partie de l'assemblée, et les conditions dans lesquelles seront faites les convocations, individuelles, et précédant de vingt jours au moins la séance de l'assemblée.

17. Aucune délibération n'est valable si le quart au moins des membres ayant le droit d'assister à l'assemblée n'a été réuni, sinon une nouvelle assemblée est convoquée dans les mêmes conditions et elle peut délibérer sans considération du nombre des personnes prescrites.

18. Cependant l'assemblée générale qui doit nommer le premier conseil d'administration et vérifier la sincérité de la déclaration faite devant notaire, doit comprendre la moitié au moins de ceux ayant droit d'y assister ; dans le cas où ce chiffre n'est pas atteint, la délibération n'est que provisoire et il y a lieu de convoquer une nouvelle assemblée générale, comprenant le cinquième au moins des adhérents pouvant y être admis.

Celle-ci rendra définitives les décisions provisoires qui, à deux reprises différentes, à huit jours d'intervalle, et au moins un mois à l'avance, auront été publiées dans certains journaux. Les mêmes règles sont applicables lorsqu'il y a des modifications apportées aux Statuts ; celles-ci doivent être portées sur le premier récépissé de cotisation.

19. Tout adhérent a le droit, dans un délai de quinze jours avant l'assemblée générale, de prendre communication de l'inventaire et de la liste des membres de l'assemblée.

L'assemblée générale arrête définitivement le compte des frais de premier établissement, nomme le Conseil d'administration, les Commissaires, etc.

20. Une feuille de présence est obligatoire. La représentation est admise, mais le mandataire doit lui-même être membre de l'assemblée générale et ne peut disposer de plus de cinq voix.

21. Il est loisible aux Sociétés régies par le décret du 12 mai 1906 de traiter avec une entreprise de gestion, mais les Statuts doivent explicitement prévoir cette hypothèse et déclarer que l'assemblée générale aura à approuver les traités de gestion.

22. Les pièces mises à la disposition du public devront porter d'abord le nom de la Société, puis aussitôt après celui de l'entreprise de gestion.

TITRE II

SOCIÉTÉS MUTUELLES

23. Une Société mutuelle ne peut exister si un minimum de cinq cents contrats n'a pas été souscrit sur des têtes distinctes ; il doit représenter un minimum de 500,000 fr. de capitaux assurés et de 50,000 fr. de rentes viagères.

24. Les Statuts d'une Société mutuelle doivent, en plus des règles générales, fixer le maximum du chargement qui sera ajouté aux primes pures et qui est destiné à faire face tant aux frais d'administration qu'à la constitution des garanties spécialement imposées (constitution de la réserve de garanties, amortissement du fonds de premier établissement ainsi que, s'il y a lieu, du fonds temporaire de garantie).

En effet, il est permis aux fondateurs d'une société mutuelle de constituer, en plus du fonds de premier établissement, un fonds temporaire de garantie de 1,500,000 fr. au plus à amortir totalement le jour où la réserve de garantie aura atteint ce chiffre.

La portion amortie doit être chaque année au moins égale au chiffre de la réserve de garantie lors de l'inventaire de l'exercice précédent.

25. Les Statuts déterminent le mode et les bases de répartition des excédents, qui, une fois les charges sociales acquittées, appartiennent et profitent exclusivement aux adhérents.

Enfin, ils ont à prévoir le cas où l'actif deviendrait insuffisant et comment il y aurait à agir en pareille circonstance.

TITRE III

SOCIÉTÉS A FORME TONTINIÈRE

26. La loi du 17 mars 1905 a maintenu la validité des opérations à forme tontinière. Elles peuvent avoir pour but de procurer un capital soit en cas de survie, soit en cas de décès. Mais de toute façon, une Société à forme tontinière doit nécessairement et obligatoirement se composer d'au moins cent membres. Sa durée est fixée à dix ans au moins, vingt-cinq ans au plus, à partir du 1er janvier de l'année de sa constitution, quelle que soit la date de cette dernière.

27. La durée pendant laquelle une telle association demeure ouverte doit être inférieure d'au moins cinq ans à sa durée totale.

28. On ne peut stipuler à l'avance le montant qui reviendra à chaque adhérent lors de la liquidation de l'association.

29. Les Statuts doivent obligatoirement contenir certaines dispositions relatives au fonctionnement même de la Société.

Ainsi il est enjoint de régler la question de la cessation, en cas de décès du sociétaire, du versement des annuités restant à faire, celle de la réduction des droits acquis au bénéficiaire en cas de cessation de versements, de fixer la quotité des fonds destinés à la formation d'une réserve pour les survivants des associations en cas de décès.

30. Pareillement, les Statuts doivent fixer dans quelles conditions avis sera donné de l'expiration des associations en cas de survie, quelles pièces seront exigées lors de la liquidation de ces dernières. Ils auront aussi à dire ce que deviendront les sommes non réclamées par les intéressés ou celles provenant de liquidations impossibles, comment s'effectuera la liquidation anticipée dans les cas prévus (dissolution ou retrait d'enregistrement).

31. Toute cotisation pour l'association en cas de décès est exigible d'avance au début de chaque année. Il appartient aux Statuts d'indiquer sous quelle forme ce paiement aura lieu. Seulement ces Statuts ne sauraient porter atteinte au droit qu'a le souscripteur, pour la première prime, de la payer à l'époque choisie par lui et sous réduction dans des cas déterminés.

32. On est tenu d'insérer dans les Statuts certaines dispositions énumérées dans l'article 31 et qui ont trait au versement des annuités, aux délais, etc.

Commentaire du décret du 9 juin 1906
relatif
au placement de l'actif des entreprises d'assurances sur la vie [1].

Historique

1. Pour toute entreprise d'assurance soucieuse de faire face à ses engagements, une question des plus importantes et des plus délicates est certainement celle du placement de l'actif.

En effet, la plus grande partie de celui-ci représente les réserves mathématiques, c'est-à-dire les gages des assurés, et il convient avant tout, dans l'intérêt de l'ensemble des assurés, que ces sommes considérables soient placées en valeurs sûres et d'un rapport tel que les contrats puissent être exécutés, le cas échéant.

Tout placement à effectuer par une Compagnie d'assurances sur la vie doit répondre à ces trois conditions principales : sécurité, disponibilité, productivité suffisante.

2. Aussi les Conseils d'administration considèrent comme une de leurs principales préoccupations la question de l'emploi des fonds; il suffit de songer à la quantité de valeurs diverses qui sont jetées sur le marché, à la faiblesse du taux d'intérêt : pour leur ancien portefeuille, les Compagnies doivent compter sur un revenu minimum de 4 %, pour le nouveau sur un rapport qui ne saurait être inférieur à 3 1/2 %.

Cependant à l'heure actuelle le taux normal est de 3 % : c'est celui des fonds d'Etat ou des emprunts garantis par l'Etat.

3. Le législateur de 1905, dans l'article 8 de la loi du 17 mars, a posé le principe que l'autorité administrative déterminerait « les biens mobiliers et immobiliers en lesquels devra être effectué le placement de l'actif des entreprises françaises, et pour les entreprises étrangères de la portion d'actif afférente aux contrats souscrits ou exécutés en France et en Algérie, ainsi que le mode d'évaluation annuelle des différentes catégories de placements et des garanties à présenter pour les valeurs qui ne pourraient avoir la forme nominative. Un règlement d'administration publique est venu régler le principe posé par la loi : c'est le décret du 9 juin 1906 [2].

4. Prévu par la loi de 1905, ce décret ne vise, par conséquent, que les entreprises soumises à celle-ci. Il ne saurait dès lors être étendu aux Sociétés de secours mutuels définies et régies par la loi du 1er avril 1898, à la Caisse nationale des retraites pour la vieillesse, à la Caisse d'assurance en cas de décès, à la Caisse de retraites des employés de chemins de fer, à la Caisse des ouvriers mineurs, etc.; en un mot, aux institutions de prévoyance publiques ou privées, régies par des lois spéciales (V. art. 1er de la loi du 17 mars 1905, n° 8 du commentaire).

5. Il importe de distinguer parmi les dispositions entre celles qui concernent les entreprises françaises et celles qui s'adressent aux Compagnies étrangères.

COMMENTAIRE

Entreprises françaises

6. En exécution de l'article 8 de la loi du 17 mars 1905, le Règlement d'administration publique impose aux Sociétés françaises certains placements : il autorise l'emploi de l'actif dans des proportions différentes.

7. Les Sociétés d'assurance peuvent, *sans limitation aucune*, posséder des valeurs émises par l'Etat français ou munies par lui d'une garantie portant sur le capital ou sur le revenu, des obligations libérées et négociables des départements, des communes et des chambres de commerce de France et d'Algérie, des obligations foncières et communales du Crédit foncier de France.

8. Dans les mêmes conditions, elles peuvent consentir des prêts sur toutes ces valeurs jusqu'à concurrence de 75 % de leur cours, des avances sur les polices émises par elles, des prêts hypothécaires sur la propriété urbaine bâtie en France, sans que ces prêts, y compris les prêts antérieurement inscrits, puissent dépasser 50 % de la valeur de l'immeuble.

9. Au contraire, les Sociétés françaises ne peuvent faire emploi que dans la proportion *de deux cinquièmes au plus* en prêts aux départements, communes, colonies et protectorats, chambres de commerce de France et

---

(1) *Journal officiel* du 14 juin 1906.

(2) Il est à noter que si la loi allemande du 12 mai 1901, sur les entreprises civiles d'assurances, a réglementé le placement des fonds de réserve, il n'existe aucune disposition à cet égard, ni dans les lois anglaises du 9 avril 1870, des 24 juillet 1871 et 6 août 1872, qui se bornent à soumettre les Compagnies à des comptes rendus et à des publications paraissant capables de suffire pour éclairer le public, ni dans la loi fédérale suisse du 25 juin 1885, complétée par le règlement du 12 octobre 1886. Il n'est question d'aucune limitation en Hollande, sous l'empire du Code de commerce, ni en Belgique depuis la loi du 11 juin 1874, ni en Espagne avec le Code de commerce de 1885.

d'Algérie, en immeubles situés en France et en Algérie, en prêts hypothécaires sur ces immeubles jusqu'à concurrence de 50 % de leur valeur et dans les mêmes conditions que les prêts hypothécaires consentis sans limitation.

10. Enfin, jusqu'à concurrence *d'un quart au plus*, elles peuvent avoir des valeurs de toute nature, françaises et étrangères, cotées à la Bourse de Paris et inscrites sur une liste qui aura été approuvée par l'assemblée générale des actionnaires ; sur ces valeurs, elles peuvent prêter jusqu'à concurrence de 75 % de leur cours.

11. Elles peuvent encore posséder des immeubles situés aux colonies et protectorats, et consentir sur ces immeubles des prêts hypothécaires jusqu'à concurrence de 50 % de leur valeur et toujours en obéissant aux règles édictées à ce sujet.

12. Dans chacune des catégories qui viennent d'être énumérées, sont respectivement comptés avec les placements en toute propriété, les nues propriétés et les usufruits des valeurs correspondantes.

13. Ces règles ne sont pas obligatoires pour les portions d'actif correspondant aux réserves mathématiques afférentes aux opérations réalisées à l'étranger et aux cautionnements qui pourraient être exigés.

Dans ce cas les entreprises peuvent utiliser les placements autorisés par la législation du pays où elles assurent.

14. Elles sont autorisées de même à représenter cette portion d'actif par des immeubles où elles installent leurs services.

15. Ces valeurs représentant l'actif doivent naturellement figurer dans les inventaires, mais dans des conditions déterminées.

C'est ainsi que les valeurs mobilières seront estimées au prix d'achat, sauf lorsque pour leur ensemble, le prix est supérieur de plus de 50 % à celui qui résulterait du cours de la Bourse de Paris, ou à défaut, des cours d'une des principales places du pays d'émission, à la date de la clôture de l'inventaire. Si cette éventualité venait à se réaliser, un arrêté ministériel, pris après avis du Comité consultatif des assurances sur la vie, est nécessaire pour fixer les conditions et délais dans lesquels la valeur estimative devra être réduite de la différence entre le prix d'achat et le prix résultant de l'évaluation aux cours susvisés.

16. Quant aux prêts hypothécaires, prêts sur titres, prêts départementaux, communaux, coloniaux, aux pays de protectorat, aux chambres de commerce, ainsi que les avances sur polices, ils seront estimés d'après les

actes qui en font foi et en tenant compte, à chaque inventaire, des amortissements effectués.

17. L'estimation des immeubles résulte, soit du prix d'achat, soit du prix de revient, tel qu'il ressort des travaux de construction et d'amélioration, à l'exclusion des travaux proprement dits.

18. La vérification de la valeur des immeubles peut être faite à n'importe quelle époque par les soins du ministère du commerce, après avis du Comité consultatif des assurances sur la vie.

19. Enfin les nues propriétés et les usufruits sont estimés suivant les règles générales fixées par un arrêté ministériel après avis du Comité consultatif.

20. Quant aux entreprises à forme tontinière, elles ne peuvent posséder que des valeurs émises par l'Etat français ou pourvues par lui d'une garantie portant sur le capital ou sur le revenu, des obligations libérées et négociables des départements, des communes et des chambres de commerce de France et d'Algérie, des obligations foncières et communales du Crédit foncier de France.

Cependant ces règles ne sont obligatoires que sous réserve des dispositions étrangères pour les souscriptions reçues à l'étranger.

21. L'affectation de l'actif dans les conditions qui viennent d'être énumérées doit être certaine ; pour faciliter le contrôle, l'article 5 du décret exige que les valeurs mobilières soient représentées par des certificats ou titres nominatifs ; pour les valeurs qui n'en comporteraient pas, elles doivent être représentées par des récépissés de la Banque de France.

22. Les Compagnies sont tenues de justifier l'observation des règles édictées par le décret, l'administration a le droit de s'assurer que les prescriptions ont été suivies et à cet effet elle peut se faire représenter les titres.

23. Si une société française, qui n'était pas soumise anciennement à l'autorisation, pratique les opérations définies à l'article 1er de la loi du 17 mars 1905, elle devra se faire enregistrer et aura un délai de cinq ans pour opérer les placements que le décret ordonne. La transformation du portefeuille se fera par fractions annuelles d'au moins un cinquième.

24. Si à l'égard des Compagnies étrangères, la loi de 1905 possède un certain effet rétroactif (v. n° 28), il n'en est pas de même pour les entreprises françaises ; celles-ci, aux termes du paragraphe 3 de l'article 20 de la loi de 1905, sont autorisées à conserver les placements antérieurement effectués par elles en conformité de leurs Statuts, sans avoir à tenir compte des limitations imposées par le décret. Cependant, à partir de la promulgation de ce dernier, elles ne pourront faire aucun placement dans les catégories dont les limites fixées par le règlement auraient été atteintes et dépassées. Cette prohibition existera jusqu'au moment où la proportion réglementaire aura été rétablie.

25. Cette distinction dans le régime des placements imposé aux Sociétés d'assurances suivant leur nationalité se conçoit fort bien ; il est hors de doute que l'article 20 ne vise que les entreprises françaises ; il suffit de se rappeler qu'autrefois les placements des Compagnies françaises n'étaient pas libres ; or, en réalité dans le décret du 9 juin 1906, le Conseil d'Etat n'a fait que reproduire en général les prescriptions édictées naguère par décret particulier. Le nouveau règlement n'apporte donc aucune modification dans la nature des placements et il n'y a pas à prévoir de changement dans le portefeuille, d'où aucune rétroactivité à édicter. Quant à la question de limitation, elle présente beaucoup moins d'intérêt et ne nécessite pas une pareille mesure.

Entreprises étrangères

26. La loi du 17 mars 1905 n'a pas édicté des emplois obligatoires uniquement pour les Compagnies françaises, ce qui était la règle antérieure. Sous le régime précédent, en effet, les entreprises étrangères pouvaient posséder toutes valeurs qui leur convenaient, sans que l'autorité administrative puisse intervenir ainsi qu'elle le faisait pour les sociétés nationales. Le législateur a pensé que la garantie du placement devait exister pour tous, sans qu'il y ait à distinguer suivant la nationalité de l'assureur.

27. Le décret impose donc aussi aux Compagnies étrangères, pour la portion d'actif afférente aux contrats souscrits en France ou en Algérie, les mêmes placements qu'aux Compagnies françaises, le même mode d'évaluation annuelle des différentes catégories de placements, ainsi que les mêmes garanties que devront présenter les valeurs ne pouvant avoir la forme nominative. A ce propos, il importe de rappeler que l'article 7, paragraphe 3, de la loi exige pour les Compagnies étrangères le dépôt à la Caisse des dépôts et consignations.

28. L'article 6 du décret tranche un débat qui s'était élevé lors de l'apparition de la loi : il donne aux entreprises étrangères un délai de cinq ans pour remplacer par fractions annuelles d'au moins un cinquième les valeurs qu'elles doivent déposer à la Caisse des dépôts et consignations en garantie des opérations

réalisées en France et en Algérie antérieurement à leur enregistrement par un portefeuille constitué des valeurs indiquées par l'article 1er du décret.

Les mouvements de titres effectués ne peuvent comporter que le remplacement des valeurs transitoirement admises par des valeurs spécifiées à l'article 1er.

29. En d'autres termes, le Conseil d'Etat a nettement déclaré que la loi avait un effet rétroactif, en ce sens qu'il ne distingue pas entre les contrats souscrits antérieurement a la loi et les contrats réalisés postérieurement. Il aurait pu déclarer que la prescription nouvelle n'aurait d'effet que dans l'avenir, en ce sens que la portion de l'actif correspondant aux anciens contrats souscrits en France et en Algérie pourrait continuer à être représentée par telle ou telle valeur étrangère. Mais il a estimé à très juste titre que cette diversité de situation pouvait être préjudiciable aux intéressés, leur donner des gages différents et entraîner des complications techniques ; aussi n'a-t-il fait aucune distinction entre le passé et le futur, il s'est souvenu que la nouvelle loi créait un régime d'égalité et il s'est inspiré de cette idée maîtresse.

Cependant, pour éviter de causer aux Compagnies des complications financières, et pour empêcher toute perturbation sur le marché par suite d'un remplacement en bloc, le décret donne un délai de cinq ans, qui atténue ce que la mesure peut sembler avoir de rigoureux.

30. Dans le même esprit, le décret donne l'autorisation de conserver jusqu'à l'expiration des contrats en cours, dans la proportion d'un quart indiquée au paragraphe 3 de l'article 1er, les valeurs étrangères non cotées à la Bourse de Paris, à condition que ces valeurs figurent dans les placements permis aux entreprises d'assurances sur la vie dans leurs pays d'origine.

Pénalités

31. Les prescriptions du décret (1) sont sanctionnées par des peines édictées par l'article 15 de la loi de 1905.

32. Toute infraction est constatée par procès-verbal des commissaires contrôleurs, lequel fait foi jusqu'à preuve contraire, sans préjudice des constatations et poursuites de droit commun.

33. Le tribunal correctionnel est saisi à la requête du ministère public et peut infliger des amendes de 100 à 5,000 fr., en cas de récidive de 500 à 10,000 fr.

---

(1) Sans oublier l'article 20 de la loi.

Commentaire des décrets des 22 et 25 juin 1906
relatifs à l'enregistrement, à la réserve des garanties
au dépôt de valeurs à la Caisse des Dépôts et Consignations
aux conditions de gérance
et de fonctionnement des entreprises d'assurances sur la vie [1].

---

1. L'œuvre réglementaire prévue par la loi du 17 mars 1905 a été complétée et achevée par les cinq décrets des 22 et 25 juin 1906.

I.

2. Le premier décret est relatif à l'enregistrement des entreprises prévu par la loi du 17 mars 1905.

Toute Société d'assurance sur la vie, sollicitant son enregistrement, devra faire accompagner sa demande : 1° du récépissé du dépôt préalable à la Caisse des Dépôts et Consignations d'une somme égale au quart du fonds de premier établissement et qui ne saurait être inférieure à 50,000 fr., ni supérieure à 500,000 fr., pour les Sociétés françaises à forme mutuelle ou tontinière ; pour toutes autres entreprises françaises et étrangères, il n'est exigé que le dépôt d'une somme de 500,000 fr. Ce dépôt devra être effectué soit en espèces, soit en valeurs déterminées présentant de sérieuses garanties (titres d'Etat, valeurs par lui garanties, obligations négociables et entièrement libérées des départements, des communes et des chambres de commerce, obligations foncières ou communales du Crédit foncier). L'estimation de ces valeurs est faite d'après le cours moyen de la Bourse de Paris pris à la veille du jour du dépôt ou, à défaut, d'après le cours de la précédente cote.

2°....D'un original ou d'une expédition de l'acte constitutif de l'entreprise ;

3°....du texte intégral des Statuts ;

4°....du tarif complet des primes brutes ou cotisations, des primes pures, et s'il y a lieu des primes d'inventaire afférentes à toutes les opérations de l'entreprise ;

5°....des tarifs et barèmes y afférents s'il s'agit d'opérations tontinières ;

6°....d'une note technique exposant le mode d'établissement des tarifs et barèmes, et les bases du calcul des diverses catégories de primes ou cotisations.

(1) *Journal officiel* du 28 juin 1906.

3. Aux termes de l'article 2 de la loi de 1905, le ministre du commerce doit statuer dans le délai de six mois à dater du dépôt de la demande (V. sur ce point et sur les voies de recours en cas de refus d'enregistrement, §§ 11 et suiv. du commentaire de la loi).

4. Pour les Sociétés opérant en France et en Algérie au moment de la promulgation de la loi de 1905, aux pièces ci-dessus indiquées il y aura à ajouter : 1° l'indication du régime légal sous lequel fonctionne l'entreprise ; 2° les tarifs et barèmes se rapportant aux opérations réalisées antérieurement à l'enregistrement accompagnés d'une note technique explicative sur les points ci-dessus indiqués dans le numéro 4 ; 3° la justification sommaire que l'entreprise possède, à raison de ses contrats et des tarifs en vigueur avant l'enregistrement, des réserves mathématiques égales à la différence entre la valeur des engagements respectivement pris par elle et par les assurés.

5. En plus des prescriptions édictées pour les Compagnies françaises, les Sociétés étrangères doivent produire : 1° les certificats de coutume, attestations et documents nécessaires pour établir la régularité juridique de la Société dans son pays d'origine ; 2° l'indication du siège social spécial situé en France pour les opérations faites sur le territoire français ; 3° l'acte accréditant, auprès du ministre du commerce, un agent particulièrement affecté à ces opérations.

6. Le dépôt à la Caisse des Dépôts et Consignations n'est que provisoire. Lorsque le Ministre du commerce a statué sur la demande d'enregistrement, restitution est faite dans les dix jours qui suivent la notification de la décision.

7. La décision ministérielle est communiquée à l'entreprise et à la Caisse des Dépôts et Consignations, dans le mois qui suit l'insertion de l'enregistrement au *Journal officiel;* si la demande est rejetée dans le mois qui suit ou l'acquiescement de la Société à la décision ou le rejet du recours qui aurait été intenté pour excès de pouvoir devant le Conseil d'État [1].

II.

1. L'article 5 de la loi prévoyait la constitution d'une réserve de garantie destinée à remplacer le prélèvement prescrit par l'article 36 de la loi du 24 juillet 1867. D'après le second décret du 27 juin 1906, il y a lieu de distinguer à cet effet entre les Sociétés d'après leur nationalité et leur forme.

2. Pour les Sociétés françaises, anonymes ou en commandite, la réserve de garantie sera alimentée par le prélèvement annuel sur les encaissements d'une somme au moins égale à 3 °/₀₀ du montant global des primes uniques et périodiques encaissées au cours de l'exercice. Si la réserve de garantie atteint un chiffre égal à 5°/₀ des réserves mathématiques, le prélèvement est réduit de moitié ; il n'est plus obligatoire lorsqu'elle est égale à 10 °/₀ des réserves mathématiques.

3. Pour toutes autres entreprises françaises, à l'exception des Sociétés tontinières, et pour les Compagnies étrangères, en ce qui concerne les contrats passés en France, en Algérie et dans certaines colonies (art. 23 de la loi du 17 mars 1905), le prélèvement, destiné à constituer la réserve de garantie, sera opéré sur les encaissements pour une somme au

(1) *NOTE du ministère du commerce relative aux demandes d'enregistrement.*

A l'exception des Sociétés de secours mutuels et des institutions de prévoyance régies par des lois spéciales, cette loi vise les entreprises françaises et étrangères de toute nature qui contractent des engagements, quels qu'ils soient, dont l'exécution dépend de la durée de la vie humaine. Elle comprend, dès lors, les sociétés, les institutions et, d'une façon générale, toutes les entreprises ayant pour objet des assurances sur la vie, des rentes viagères, des retraites, des opérations de nature tontinière, etc.

Aux termes de l'article 19 de la loi, les entreprises susvisées actuellement existantes sont tenues de demander l'enregistrement dans un délai de deux mois à compter de la promulgation des décrets et des règlements d'administration publique qu'elle prévoit ; les derniers de ces décrets ayant été publiés au *Journal officiel* à la date du 28 juin 1906, c'est donc à compter de la promulgation de ces décrets que court le délai imparti aux entreprises intéressées pour solliciter l'enregistrement et pour transmettre au ministère du commerce les pièces et justifications réglementaires, sous peine d'encourir les pénalités inscrites dans le titre IV de la loi.

Les demandes devront être établies en double exemplaire, dont un sur papier timbré, et être revêtues d'une signature légalisée. Les pièces annexes devront être revêtues de la signature ou de la certification de la personne qui a fait la demande et les documents techniques à fournir devront être établis en tenant compte des indications données dans une notice qui sera envoyée aux entreprises d'assurances, sur demande adressée au ministère du commerce (direction de l'assurance et de la prévoyance sociales, 80, rue de Varenne).

moins égale à 3 °/₀₀ du montant des primes ou cotisations encaissées au cours de l'exercice. Le prélèvement ne sera plus que moitié moindre lorsque la réserve de garantie sera au moins égale à 6 °/₀ des réserves mathématiques, et ne sera plus exigé si elle atteint 10 °/₀ des réserves mathématiques.

III.

1. Les conditions dans lesquelles les Compagnies étrangères doivent effectuer le dépôt à la Caisse des Dépôts et Consignations prévu par l'article 7, § 3, de la loi sont déterminées par un décret du 25 juin 1906. (*Supra*, p. 190.)

Avant le 31 mai de chaque année, toute entreprise étrangère devra justifier du dépôt à la Caisse des Dépôts et Consignations, dans les formes prescrites par la loi du 28 juillet 1875 relative aux consignations judiciaires, des valeurs mobilières représentant la portion d'actif correspondante aux réserves mathématiques et à la réserve de garantie (v. art. 7, § 2, de la loi) et qui aura été établie d'après les comptes arrêtés au 31 décembre précédent.

2. Cette formalité sera prouvée par la production au ministère du commerce d'un certificat délivré par la Caisse des Dépôts et Consignations ; celui-ci, d'après les déclarations de l'entreprise, visées par le ministre du commerce ou son délégué, énumère : 1° les valeurs mobilières comprises dans la portion d'actif correspondante aux réserves mathématiques des contrats antérieurs à l'enregistrement, aux bénéfices revenant aux assurés pour les mêmes contrats, mais qui ne sont pas versés de suite après la liquidation de l'exercice qui les a produits (v. art. 7, § 1, de la loi) ; 2° les valeurs mobilières comprises dans la portion d'actif correspondant aux mêmes éléments, mais postérieurs à l'enregistrement et à la réserve de garantie.

3. Dans sa déclaration, l'entreprise aura à indiquer la nature des valeurs mobilières, leur numéro d'émission, leur valeur d'après le cours de la Bourse de Paris la veille du jour de la déclaration, pour les valeurs non cotées à cette Bourse, d'après le dernier cours connu de la Bourse de la capitale du pays d'émission ou, à défaut, d'une des principales places de ce pays. L'article 6 du décret du 9 juin 1906 autorise les entreprises étrangères à posséder des valeurs étrangères dans certaines conditions : elles auront à établir que chacune de ces valeurs est possédée conformément à la législation du pays d'origine en matière d'assurance sur la vie.

4. Lorsqu'une Société étrangère réalise des opérations tontinières, elle doit tous les ans, avant le 31 mai, justifier de la même manière du dépôt des valeurs représentant l'avoir des associations en cas de survie ou en cas de décès, au 31 décembre précédent.

Le certificat de dépôt énumère séparément, d'après la déclaration de la Société, les valeurs représentant l'avoir de chacune des associations de survie et en cas de décès dont la liquidation n'était pas terminée au 31 décembre précédent.

5. Les valeurs ainsi déposées ne peuvent être retirées que dans trois hypothèses : 1° en cas de remploi de fonds préalablement réalisés sur certificat délivré par la Caisse des Dépôts et Consignations et au moins équivalent à la valeur des titres aliénés d'après le cours de la Bourse au jour du remploi ; 2° s'il y a réduction des réserves ou du montant des bénéfices attribuables, telle qu'elle résulte du mouvement des opérations d'assurances; alors le retrait ne peut s'effectuer que tous les trois mois au plus et sur justification d'une réduction au moins équivalente des engagements de l'entreprise ; 3° si l'association tontinière vient à être liquidée : en ce cas, le retrait ne peut s'effectuer qu'après vérification de la liquidation par le ministre du commerce.

6. Le visa du ministre du commerce ou de son délégué est rigoureusement exigible pour tout retrait.

IV.

1. Les entreprises tontinières font l'objet d'un décret spécial, indépendant de celui du 12 mai 1906. (Voir *infra*, p. 44.)

2. Toutes les entreprises, quel qu'en soit le but, qu'il s'agisse d'opérations en cas de survie, ou d'opérations en cas de décès, sont tenues d'indiquer dans leurs Statuts les conditions de formation et de durée des associations destinées à faire ces opérations.

3. Le Conseil d'administration de l'entreprise constate par délibération l'ouverture, la constitution de chaque association et la clôture des listes d'inscriptions.

4. A part les frais de gestion statutaires, le montant des souscriptions doit être versé intégralement aux associations.

5. Chaque association est distincte, ses fonds sont gérés séparément et ne peuvent, sous aucun prétexte et sous quelque forme que ce soit, être compris avec ceux appartenant à d'autres associations.

6. Un mois au plus après leur perception, les fonds doivent être placés. La justification résulte uniquement d'un bordereau d'agent de change indiquant les associations au profit

desquelles l'achat aura été fait, et constatant la date de l'achat et le prix des valeurs.

7. Les mêmes règles s'appliquent aux intérêts, arrérages, remboursements, primes et lots.

8. Si les associations formées par des entreprises françaises ont acquis des valeurs, celles-ci seront aussitôt déposées à leur nom soit à la Caisse des Dépôts et Consignations, soit à la Banque de France. Le récépissé de dépôt mentionnera l'association à laquelle elles appartiennent.

9. La réalisation de ces titres aura lieu seulement au jour où l'association sera liquidée, le produit en sera distribué aux bénéficiaires sous réserve de remplois.

10. Des conditions impératives sont indiquées pour les remplois.

Ainsi ils ne peuvent être opérés que sur un visa préalable du ministre du commerce ou de son délégué. Ce visa ne sera délivré que sur une décision du Conseil d'administration de l'entreprise indiquant le nombre et la nature des titres à aliéner et la nature des titres de remploi. Ceux-ci doivent avoir une valeur au moins égale à celle des titres aliénés; aussitôt leur acquisition, ils seront déposés comme il a été dit.

11. La liquidation de l'association doit suivre immédiatement son expiration.

12. La répartition entre les ayants droit est faite à ce moment, mais elle ne peut avoir lieu que sur une délibération prise par le Conseil d'administration avec envoi d'une copie accompagnée d'un état nominatif de la répartition, en double exemplaire, au ministre du commerce, sous le certificat du directeur de l'entreprise, et de deux membres du Conseil d'administration spécialement désignés à cet effet par le Conseil.

13. La répartition porte sur tout l'avoir de l'association.

14. Les ayants droit touchent au prorata du montant de leurs souscriptions. Cependant si le droit d'un bénéficiaire a été réduit par suite de la cessation de paiement des annuités dues par le souscripteur, ce bénéficiaire ne prendra part à la répartition que sur les bases spécifiées par les Statuts.

15. Les droits des bénéficiaires sont ramenés à l'égalité proportionnelle au moyen de barèmes de répartition établis d'après une Table de mortalité. S'il y a lieu, on peut utiliser un taux d'intérêt spécifié par les statuts. Il est tenu compte de l'âge des sociétaires, du mode et de l'époque des versements.

16. La répartition ne peut être faite qu'après apport des certificats de vie pour les sociétaires survivants. S'il venait à en mourir après le terme fixé pour l'expiration de l'association, il faudrait produire leur acte de décès.

17. Les productions doivent être faites sous réserve des délais spécifiés à cet effet par les Statuts.

Associations en cas de décès

18. Dans une même entreprise il ne peut y avoir qu'une association en cas de décès. Cependant il est permis de constituer une seconde association, dite de contre-assurance. Elle a alors pour but exclusif la compensation de la perte que subiraient les souscripteurs aux associations en cas de survie formées par l'entreprise, et qui résulterait du décès des sociétaires.

19. Le montant des cotisations est déterminé par deux éléments : l'âge des sociétaires à l'échéance ; le tarif établi sur une Table de mortalité spécifiée par les statuts. La somme probable à obtenir lors de la répartition est déterminée par le même tarif ; les cotisations doivent être proportionnelles au montant de cette somme.

20. Au sujet de l'emploi des fonds, il n'y a aucune distinction à établir avec des associations en cas de survie.

21. La liquidation se fait à la fin de chaque année. A ce moment, l'avoir dans tout son ensemble est partagé entre les ayants droit des sociétaires morts pendant l'année. Il n'est distrait de cette répartition que les prélèvements spécifiés par les Statuts et qui sont visés dans le décret du 12 mai 1906 (v. art. 31 du décret).

22. S'appliquent encore aux associations en cas de décès, les prescriptions relatives à la délibération du Conseil d'administration sur la répartition (art. 7).

23. Celle-ci s'opère au prorata des sommes correspondant à chaque cotisation (v. art. 12).

24. Dans l'association de contre-assurance (v. n° 18), elle se fait au prorata des sommes versées par les souscripteurs aux associations en cas de survie.

25. La répartition est arrêtée uniquement sur la présentation des pièces prouvant la mort des sociétaires.

Les Statuts fixent les délais pour la production de ces pièces ; il doit en être strictement tenu compte.

V.

1. La loi du 17 mars 1905 (art. 9, § 9) autorise la constitution d'entreprises de gestion.

Elles doivent déposer à la Caisse des Dépôts et Consignations un capital de garantie de 100,000 fr.

La gestion ne peut excéder une période initiale de plus de vingt ans, au bout de laquelle les renouvellements successifs pourront avoir lieu pour des périodes de dix ans au plus. Le renouvellement ne pourra se faire qu'un an avant l'expiration de la période en cours.

2. Un décret du 22 juin 1906 est venu compléter les prescriptions de la loi, et régler le fonctionnement de ces entreprises.

3. Toute entreprise de gestion n'opère que sous la responsabilité de l'entreprise qu'elle gère.

4. Son existence est subordonnée à certaines conditions obligatoires. Elle ne peut fonctionner qu'après avoir produit au ministère du commerce : 1° le récépissé du dépôt à la Caisse des Dépôts et Consignations ; 2° l'acte constitutif de l'entreprise gérante ; 3° le texte intégral des statuts ; 4° le texte intégral du traité de gestion passé entre elle et l'entreprise qu'elle doit gérer.

5. Ce traité de gestion indique l'objet, le titre et le siège social des entreprises gérante et gérée, la date d'origine de la gestion et la durée de la période initiale, les pouvoirs de l'entreprise de gestion, les conditions dans lesquelles la gestion sera contrôlée par l'entreprise gérée, comment, à l'expiration du traité ou en cas de cessation anticipée de la gestion, sans en distinguer la cause, l'entreprise gérante remettra la gestion à l'entreprise gérée, enfin les mesures à prendre dans le cas où l'enregistrement viendrait à être retiré à l'entreprise gérée.

La durée de l'entreprise de gestion n'est pas illimitée ; elle est restreinte à vingt ans au plus (n° 1). Mais le traité peut être renouvelé. En ce cas il doit être communiqué dans la forme prémentionnée au ministère du commerce. Cette production doit se faire trois mois au moins avant le terme de la gestion en cours.

6. La rémunération de la gestion ne peut être faite que dans les conditions stipulées au traité. Ces dispositions sont de rigueur.

7. Cette rémunération ne peut excéder, s'il s'agit d'opérations d'assurances à primes, le montant des chargements résultant des Statuts et des tarifs de l'entreprise gérée. Toutefois, déduction sera faite de la portion desdits chargements qui pourrait être nécessaire à la constitution de la réserve de garantie. S'il s'agit d'opérations tontinières, la rémunération ne saurait être supérieure au montant des droits et des prélèvements pour frais de gestion fixés par les statuts de l'entreprise gérée.

8. La gestion confiée à une entreprise spéciale ne comporte en aucun cas la délégation des pouvoirs relatifs aux opérations d'assurances.

Ainsi une entreprise de gestion ne pourrait notamment ni établir des contrats, ni déterminer et exécuter les engagements en résultant, ni placer les fonds destinés à garantir ces engagements ; elle ne saurait de même ouvrir, constituer et liquider une association tontinière.

9. En fin de gestion, sur le visa du ministre du commerce ou de son délégué, le dépôt est restitué.

10. Mais auparavant, l'entreprise de gestion devra justifier de la complète exécution de tous les engagements pris par elle dans le traité de gestion. Elle devra produire une attestation des représentants de l'entreprise gérée, constatant cette exécution.

Le projet de loi sur le contrat d'assurance sur la vie.

La loi du 17 mars 1905 n'est que le commencement de l'œuvre que le gouvernement entend entreprendre pour doter la France d'une législation sur les assurances et en particulier sur les assurances sur la vie. Ses dispositions seront, en effet, complétées par une loi actuellement soumise au Parlement et destinée à régler les rapports des assureurs, des assurés et des tiers.

Le moment est venu de faire une loi pour mettre la France au niveau d'un grand nombre de pays qui ont édicté un droit spécial. Assurément les tribunaux ont fourni des solutions qui, dépassant les limites de la contestation même, ont semblé de nature à combler la lacune qui existe dans notre droit concernant les assurances sur la vie, mais cette jurisprudence ne constitue qu'une œuvre *fragmentaire* en quelque sorte ; le juge, même à la Cour de cassation, ne statue que sur des espèces, jamais il ne procède (ceci lui est même interdit) à une notation même partielle de ses doctrines ; ses décisions peuvent servir ; d'autre part, outre qu'il convient de toujours redouter un revirement de jurisprudence, il est à noter que même en présence des principes si fortement mis en lumière par la Cour de cassation dans des arrêts dont plusieurs ont un caractère doctrinal certain, les controverses n'ont pas disparu, telle décision est résolue dans un sens par un tribunal, dans un sens totalement différent par un autre ; parfois même deux Chambres d'une même Cour d'appel statuent de manière contraire sur le même problème.

Le gouvernement a bien senti qu'une réforme s'imposait. Et sur la proposition de M. le directeur de l'assurance et de la prévoyance sociales, en même temps qu'il constituait une Commission extraparlementaire recrutée parmi les spécialistes pour examiner les dispositions législatives à prendre en vue de l'organisation du contrôle des Sociétés d'assurances sur la vie, M. le ministre du commerce, par arrêté du même jour (26 avril 1902), chargeait une Commission d'étudier les dispositions législatives auxquelles pourraient être soumis les contrats d'assurance.

Comprenant à la fois des jurisconsultes particulièrement versés dans la matière des assurances et des assureurs distingués, cette Commission a commencé ses travaux le 24 juillet 1902, pour ne les terminer qu'en juin 1904.

L'ordre des travaux a été très judicieusement réglé. Dès sa première séance, la Commission a résolu d'étudier d'une façon parallèle et dans ses grandes lignes les principaux contrats d'assurances actuellement en vigueur : incendie, vie, accidents, de façon à dégager facilement de cette étude préparatoire les principes applicables au contrat d'assurances terrestres en général. L'étude de chacune des branches d'assurances a été attribuée à un des jurisconsultes de la Commission, assisté d'un assureur, conseil technique ; trois Rapports, qui constituent des œuvres très documentées, avaient pour objet de faire connaître le dernier état de la jurisprudence française, d'indiquer les solutions fournies sur les mêmes points par les différentes législations étrangères et de rechercher, en dehors du droit privé, les dispositions d'ordre public de nature à protéger les contractants contre tous abus possibles. Sur le vu de ces Rapports, la Commission a chargé chaque rédacteur de lui soumettre un questionnaire indiquant les principales questions à résoudre, elle l'a discuté et a confié ensuite, aux mêmes personnes constituées en sous-commission, la mission de préparer les solutions, puis, après avoir discuté ces derniers, elle a fait établir des projets de rédaction qui, à l'issue d'une discussion très approfondie au cours de nombreuses séances, ont été fondues dans un avant-projet : voté par la Commission au mois de juin 1904, il a été accepté par le gouvernement, qui se l'est approprié en le déposant sur le bureau de la Chambre des députés, le 12 juillet 1904 (Chambre des députés, annexe n° 1918, *Journal officiel*, 6 novembre 1904).

Ce projet, destiné à régler les rapports qui naissent des contrats d'assurances terrestres, comprend quatre-vingt-deux articles répartis en cinq titres : *Des assurances en général ; Des assurances contre l'incendie ; Des assurances sur la vie ; Des assurances contre les accidents ; Dispositions transitoires.* Naturellement, dans les dispositions d'ordre général, il en e t plusieurs qui se rapportent à l'assurance sur la vie, mais les prescriptions relatives à ce dernier contrat forment surtout le titre III (art. 47 à 73).

S'il n'est pas possible de donner ici une analyse de ces dispositions, il n'est pas sans utilité d'indiquer les traits qui distinguent et caractérisent le projet, spécialement en ce qui concerne le contrat d'assurance sur la vie.

D'abord le principe fondamental de la législation proposée est la liberté ; elle n'est restreinte que dans des cas assez peu fréquents, lorsqu'il s'agit soit de respecter des principes qui touchent à l'ordre public (par exemple, la prohibition de l'assurance du suicide ou la défense de l'assurance contractée sur la tête d'un tiers sans son consentement, etc.). D ns beaucoup de cas, le législateur, tout en établissant des dispositions, leur a laissé un caractère interprétatif et a admis, par suite, les clauses contraires.

En second lieu, il est à noter que les dispositions interprétatives du projet, qui sont de beaucoup les plus nombreuses, sont en général empruntées aux usages constants, c'est-à-dire qu'elles reproduisent les clauses des polices les plus usuelles ou les solutions de la jurisprudence. Les décisions des tribunaux ont en effet, été prises pour point de départ ; la Commission a considéré que cette dernière avait, dans son dernier état, formulé des principes répondant si bien à la nature des choses et aux besoins de la pratique qu'il n'y avait qu'à les consacrer. C'est ainsi, par exemple, que le projet proclame d'une façon impérative le droit propre du bénéficiaire déterminé sur le montant de l'assurance, à l'exclusion des créanciers ou des héritiers de l'assuré. Toutefois, tenant compte des critiques autorisées, le projet a étendu, pour certaines questions, les solutions de la jurisprudence ; le capital assuré appartiendrait maintenant aux enfants du signataire de la police, même s'ils n'étaient pas expressément désignés.

Enfin le projet tend à supprimer des formalités trop étroites qui ont toujours été considérées comme capables de contrarier le développement de l'assurance sur la vie ; ainsi, tous les modes d'attribution sont assimilés, l'endossement est exonéré des prescriptions de forme du Code de commerce, l'assurance réciproque des époux peut résulter d'un même acte.

TEXTES LÉGISLATIFS

I.

17 mars 1905. — *LOI relative à la surveillance et au contrôle des sociétés d'assurances sur la vie et de toutes les entreprises dans les opérations desquelles intervient la durée de la vie humaine.*

TITRE Iᵉʳ

ENREGISTREMENT DES ENTREPRISES

Art. 1ᵉʳ. Sont assujetties à la présente loi les entreprises françaises ou étrangères de toute nature qui contractent des engagements dont l'exécution dépend de la durée de la vie humaine.

Sont exceptées les sociétés définies par la loi du 1ᵉʳ avril 1898 sur les sociétés de secours mutuels et les institutions de prévoyance publiques ou privées régies par des lois spéciales.

2. Ces entreprises doivent limiter leurs opérations à une ou plusieurs de celles qui font l'objet de la présente loi. Il leur est interdit de stipuler ou de réaliser l'exécution de contrats ou l'attribution de bénéfices par la voie de tirage au sort.

Elles ne peuvent fonctionner qu'après avoir été enregistrées, sur leur demande, par le Ministre du commerce. Dans le délai maximum de six mois à dater du dépôt de la demande, le Ministre du commerce fait mentionner l'enregistrement au *Journal officiel* ou notifie le refus d'enregistrement aux intéressés.

Aucune modification, soit aux statuts, soit aux tarifs de primes ou cotisations, ne peut être mise en vigueur qu'après nouvel enregistrement obtenu dans les mêmes formes.

3. Le refus d'enregistrement doit être motivé par une infraction soit aux lois, notamment à celles qui régissent les sociétés, soit aux décrets prévus par l'article 9 ci-après.

Les intéressés peuvent former un recours pour excès de pouvoir devant le Conseil d'Etat qui devra statuer dans les trois mois.

TITRE II

GARANTIES

4. Pour les sociétés françaises anonymes ou en commandite, les statuts doivent spécifier la dissolution obligatoire en cas de perte de la moitié du capital social.

Pour les sociétés à forme mutuelle ou à forme tontinière, les statuts déterminent le mode de règlement et l'emploi des sommes perçues, ainsi que la quotité des prélèvements destinés à faire face aux frais de gestion de l'entreprise.

5. Les sociétés françaises anonymes ou en commandite doivent avoir un capital social au moins égal à 2 millions de francs.

Les sociétés françaises à forme mutuelle ou à forme tontinière devront constituer un fonds de premier établissement qui ne peut être inférieur à 50,000 fr. et qui doit être amorti en quinze ans au plus.

Toutes les entreprises sont tenues, en outre, de constituer, dans les conditions prévues à l'article 9, paragraphe 4, une réserve de garantie qui tient lieu du prélèvement prescrit par l'article 36 de la loi du 24 juillet 1867. Toutefois, cette réserve n'est pas obligatoire pour les opérations à forme tontinière.

6. Toutes les entreprises qui contractent des engagements déterminés sont tenues de constituer des réserves mathématiques, égales à la différence entre les valeurs des engagements respectivement pris par elles et par les assurés dans les conditions déterminées par le décret prévu à l'article 9, paragraphe 5. Cette obligation ne s'applique aux entreprises étrangères que pour les contrats souscrits ou exécutés en France et en Algérie.

Les entreprises produiront annuellement, à l'époque et dans les formes déterminées par le Ministre, et après avis du Comité consultatif des assurances sur la vie prévu à l'article 10, la comparaison : 1° entre la mortalité réelle de leurs assurés et la mortalité prévue par les Tables admises pour le calcul de leurs réserves mathématiques et de leurs tarifs ; 2° entre le taux de leurs placements réels et celui qui a été admis pour les calculs susvisés.

En cas d'écarts notables ou répétés portant sur un de ces éléments, des arrêtés ministériels peuvent exiger, au plus tous les cinq ans, une rectification des bases du calcul des réserves mathématiques des opérations en cours et des tarifs des primes ou cotisations.

Ces arrêtés sont pris sur avis conforme du Comité consultatif des assurances sur la vie, les représentants de l'entreprise ayant été entendus et mis en demeure de fournir leurs observations par écrit dans un délai d'un mois. Ils fixent le délai dans lequel la rectification doit être opérée ; le montant des versements corrélatifs à la rectification des réserves mathématiques doit être, à la fin de chaque exercice, au moins proportionnel à la fraction du délai courue.

Les sociétés à forme tontinière sont tenues de faire, dans les conditions fixées par le décret prévu à l'article 9, paragraphe 7, emploi immédiat de toutes les cotisations, déduction faite des frais de gestion statutaires.

7. Lorsque les bénéfices revenant aux assurés ne sont pas payables immédiatement après la liquidation de l'exercice qui les a produits, un compte individuel doit mentionner chaque année la part de ces bénéfices attribuable à chacun des contrats souscrits ou exécutés en France et en Algérie et être adressé aux assurés.

Jusqu'à concurrence du montant des réserves mathématiques et de la réserve de garantie, ainsi que du montant des comptes spécifiés à l'alinéa précédent, l'actif des entreprises françaises est affecté au règlement des opérations d'assurances par un privilège qui prendra rang après le paragraphe 6 de l'article 2101 du Code civil.

Pour les entreprises étrangères, les valeurs représentant la portion d'actif correspondante doivent, à l'exception des immeubles, faire l'objet d'un dépôt à la Caisse des dépôts et consignations, dans les conditions prévues à l'article 9, paragraphe 6. Le seul fait de ce dépôt confère privilège aux assurés, sur lesdites valeurs, pour les contrats souscrits ou exécutés en France et en Algérie.

8. Un Règlement d'administration publique, rendu sur la proposition des Ministres du commerce et des finances, détermine les biens mobiliers et immobiliers en lesquels devra être effectué le placement de l'actif des entreprises françaises et, pour les entreprises étrangères, de la portion d'actif afférente aux contrats souscrits ou exécutés en France et en Algérie, ainsi que le mode d'évaluation annuelle des différentes catégories de placements et les garanties à présenter pour les valeurs qui ne pourraient avoir la forme nominative.

Les entreprises sont tenues de produire au ministre, dans les formes et délais qu'il prescrit après avis du Comité consultatif, des états périodiques des modifications survenues dans la composition de leur actif.

9. Des décrets rendus après avis du Comité consultatif des assurances sur la vie prévu à l'article ci-après déterminent :

1° Les pièces et justifications à produire à l'appui des demandes d'enregistrement, ainsi que le montant du dépôt préalable à effectuer à la Caisse des dépôts et consignations par les différentes catégories d'entreprises et les conditions de réalisation et de restitution dudit dépôt ;

2° Le délai passé lequel cessera d'être valable l'enregistrement d'une entreprise qui n'aurait pas commencé à fonctionner ;

3° Le maximum des dépenses de premier établissement pour les différentes espèces d'entreprises françaises et le délai d'amortissement desdites dépenses ;

4° La fixation, pour chaque catégorie d'entreprises, de la réserve de garantie ;

5° Les différentes Tables de mortalité, le taux d'intérêt et les chargements d'après lesquels doivent être calculés au minimum les primes ou cotisations des opérations à réaliser ainsi que les réserves mathématiques. Publication de ces fixations est effectuée au *Journal officiel* au moins six mois avant le début du premier exercice auquel elles doivent s'appliquer ;

6° Les conditions de dépôt et de retrait des valeurs représentant, pour les entreprises étrangères, la portion d'actif visée à l'article 7 ;

7° Les conditions dans lesquelles doivent être gérées les entreprises à forme tontinière ;

8° Les conditions dans lesquelles les entreprises sont tenues d'inscrire sur des registres spéciaux les contrats souscrits ou exécutés en France et en Algérie ;

9° Les conditions dans lesquelles doivent fonctionner les entreprises de gestion d'assurances sur la vie, et suivant lesquelles peuvent être perçus les frais de gestion dans les limites d'un maximum fixé. Ces entreprises doivent déposer à la Caisse des dépôts et consignations un capital de garantie de 100,000 fr. Elles ne peuvent valablement se faire attribuer la gestion pour une période initiale de plus de vingt ans, à l'expiration de laquelle leur mandat ne pourra être renouvelé pour des périodes de plus de dix ans. Chaque renouvellement ne pourra être

effectué qu'un an avant l'expiration de la période en cours.

TITRE III

SURVEILLANCE ET CONTRÔLE

10. Il est constitué auprès du Ministre du commerce un Comité consultatif des assurances sur la vie, composé de vingt et un membres, savoir : deux sénateurs et trois députés élus par leurs collègues, le directeur de l'assurance et de la prévoyance sociales au Ministère du commerce, le directeur général de la Caisse des dépôts et consignations, un représentant du Ministre des finances, trois membres agrégés de l'Institut des actuaires français, le président de la Chambre de commerce ou un membre de la Chambre délégué par lui, un professeur de la Faculté de droit de Paris, deux directeurs ou administrateurs de sociétés d'assurances à forme mutuelle ou à forme tontinière, deux directeurs ou administrateurs de sociétés anonymes ou en commandite d'assurances, quatre personnes spécialement compétentes en matière d'assurances sur la vie.

Un décret détermine le mode de nomination et de renouvellement des membres, ainsi que la désignation du président, du vice-président et du secrétaire.

Le Comité doit être consulté au sujet des demandes d'enregistrement prévues par l'article 2, et dans les autres cas prévus par la présente loi. Il peut être saisi par le Ministre de toutes autres questions relatives à l'application de la loi.

La présence de neuf membres au moins est nécessaire pour la validité de ses délibérations, dans les cas spécifiés au troisième alinéa de l'article 6, à l'article 18 et à l'article 21.

11. Toute entreprise est tenue : 1° de publier en langue française un compte rendu annuel de toutes ses opérations, avec états et tableaux annexes ; 2° de produire ledit compte rendu au Ministre du commerce et de le déposer aux greffes des tribunaux civils et des tribunaux de commerce, tant du département de la Seine que du siège social ; 3° de le délivrer à tout assuré ou associé qui en fait la demande, moyennant le paiement d'une somme qui ne peut excéder 1 fr. ; 4° de publier annuellement à ses frais au *Journal officiel* un compte rendu sommaire comprenant : le compte général des profits et pertes, la balance générale des écritures et le mouvement général des opérations en cours.

Des arrêtés ministériels pris après avis du Comité consultatif des assurances sur la vie déterminent, au moins trois mois avant le début de l'exercice, les modèles des états et tableaux à annexer au compte rendu publié, la date de production et de dépôt du compte rendu, la forme et le délai de la publication prescrite au *Journal officiel*.

Les entreprises doivent, en outre, communiquer au Ministre, à toute époque et dans les formes et délais qu'il détermine, tous les documents et éclaircissements qui lui paraissent nécessaires.

Elles sont soumises à la surveillance de commissaires contrôleurs assermentés qui seront recrutés dans les conditions déterminées par décrets, après avis du Comité consultatif des assurances sur la vie, et qui pourront à toute époque vérifier sur place toutes les opérations, indépendamment de toutes personnes exceptionnellement déléguées par le ministre à cet effet.

12. Les entreprises étrangères doivent, en ce qui concerne les opérations régies par la présente loi, avoir en France et en Algérie un siège spécial et une comptabilité spéciale pour tous les contrats souscrits ou exécutés en France et en Algérie et accréditer auprès du Ministre du commerce un agent préposé à la direction de toutes ces opérations. Cet agent doit être domicilié en France; il représente seul l'entreprise auprès du Ministre, vis-à-vis des titulaires de contrats souscrits en France et en Algérie et devant les tribunaux. Il doit justifier au préalable de pouvoirs statutaires suffisants pour la gestion directe de l'entreprise en France et en Algérie, notamment pour la signature des polices, avenants, quittances et autres pièces relatives aux opérations réalisées.

Toute entreprise est tenue de produire au Ministre du commerce, dans le délai qu'il détermine, la traduction en langue française, certifiée conforme, des documents en langue étrangère se rapportant à ses opérations et pour lesquels cette traduction est requise.

Les conditions générales et particulières des polices, les avenants et autres documents se rapportant à l'exécution des contrats doivent être rédigés ou traduits en langue française. Dans ce dernier cas, le texte français fait seul foi à l'égard des assurés français.

13. Le Ministre du commerce présente chaque année au Président de la République et fait publier au *Journal officiel* un rapport d'ensemble sur le fonctionnement de la présente loi et sur la situation de toutes les entreprises qu'elle régit.

Les frais de toute nature résultant de la surveillance et du contrôle sont à la charge des entreprises. Un arrêté ministériel fixe, à la fin de chaque exercice, la répartition de ces frais entre les entreprises, au prorata du montant global des primes et des cotisations de toute nature encaissées par elles au cours de l'exercice, exception faite des opérations réalisées hors de France et d'Algérie par les entreprises étrangères, et sans que la contribution de chacune des entreprises puisse dépasser 1 p. 1,000 dudit montant.

Il y joint le compte détaillé des recettes et dépenses afférentes à la surveillance et au contrôle des entreprises.

TITRE IV

PÉNALITÉS

14. Les entreprises sont passibles, de plein droit et sans aucune mise en demeure, d'amendes administratives, recouvrées comme en matière d'enregistrement, à la requête du Ministre du commerce, savoir :

1° D'une amende de 20 fr. par jour pour retard apporté à chacune des productions visées par le troisième alinéa de l'article 11 et le deuxième alinéa de l'article 12;

2° D'une amende de 100 fr. par jour pour retard apporté à chacune des productions ou publications visées par le deuxième alinéa de l'article 6, les paragraphes 1er, 2 et 4 de l'article 11.

15. Les contraventions des premier et troisième alinéas de l'article 6, aux premier et troisième alinéas de l'article 7, à l'article 8, à l'article 20, à l'article 21, ainsi qu'au Règlement d'administration publique prévu par l'article 8 et aux décrets prévus par les paragraphes 3 à 8 de l'article 9, sont constatées par procès-verbaux des commissaires contrôleurs, qui font foi jusqu'à preuve contraire sans préjudice des constatations et poursuites de droit commun; elles sont poursuivies devant le tribunal correctionnel à la requête du ministère public et punies d'une amende de 100 à 5,000 fr., et en cas de récidive, de 500 à 10,000 fr.

16. Sont poursuivies devant le tribunal correctionnel et passibles d'une amende de 16 à 100 fr., toutes personnes qui auraient proposé ou fait souscrire des polices d'assurances, et notamment chacun des administrateurs ou directeurs d'entreprises, qui réalisent des opérations visées par la présente loi avant la publication au *Journal officiel* de l'enregistrement prévu à l'article 2, ou qui effectuent des opérations nouvelles après la publication du décret prévu par l'article 18 ou après le refus d'enregistrement prévu par l'article 19.

L'amende est prononcée pour chacune des opérations réalisées par le contrevenant, qui peut être, en outre, en cas de récidive, condamné à un emprisonnement d'un mois au plus.

Sous les mêmes peines, les prospectus, affiches, circulaires et tous autres documents destinés à être distribués au public ou publiés par une entreprise assujettie à la présente loi doivent toujours porter, à la suite du nom ou de la raison sociale de l'entreprise, la mention ci-après, en caractères uniformes : « Entreprise privée, assujettie au contrôle de l'État », sans renfermer aucune assertion susceptible d'induire en erreur soit sur la véritable nature ou l'importance réelle des opérations, soit sur la portée du contrôle.

Toute déclaration ou dissimulation frauduleuse, soit dans les comptes rendus, soit dans tous autres documents produits au ministre du commerce ou portés à la connaissance du public, est punie des peines prévues par l'article 405 du Code pénal.

L'article 463 du Code pénal est applicable à tous les faits punis par le présent article et l'article précédent.

17. Les jugements prononcés contre les entreprises ou leurs représentants, en exécution de l'article précédent et de l'article 15, doivent être publiés, aux frais des condamnés ou des entreprises civilement responsables, dans le *Journal officiel* et dans deux autres journaux au moins, désignés par le tribunal.

18. L'enregistrement d'une entreprise, effectué en vertu de l'article 2 de la présente loi, cesse d'être valable dès qu'un décret constate que l'entreprise ne fonctionne plus en conformité soit de ses statuts, soit de la présente loi ou des décrets et arrêtés qu'elle prévoit. Ce décret est rendu après avis conforme du Comité consultatif des assurances sur la vie, les représentants de l'entreprise ayant été mis en demeure de fournir leurs observations par écrit ou d'être entendus dans un délai d'un mois sur communication des irrégularités relevées contre l'entreprise. Le Comité doit émettre son avis motivé dans le mois suivant.

Dans un délai de huitaine, à compter de la notification du décret, l'entreprise peut se pourvoir pour excès de pouvoir devant le Conseil d'Etat, qui doit statuer dans le mois. Ce pourvoi est suspensif. La publication du décret au *Journal officiel* ne pourra être faite qu'après le rejet du pourvoi par le Conseil d'Etat.

TITRE V

DISPOSITIONS TRANSITOIRES

19. Les entreprises françaises ou étrangères soumises à la présente loi et opérant en France ou en Algérie à l'époque de sa promulgation sont tenues de se conformer immédiatement à ses dispositions, et notamment de demander l'enregistrement spécifié à l'article 2, dans un délai de deux mois à compter de la promulgation des Règlements d'administration publique prévus par les articles 8 et 22, ainsi que des décrets prévus par l'article 9.

Elles peuvent toutefois continuer provisoirement leurs opérations jusqu'à ce que solution soit donnée à cette demande.

20. Les entreprises françaises régulièrement autorisées en vertu de la législation en vigueur pourront, après obtention de l'enregistrement spécifié à l'article 2, modifier, sans autorisation du gouvernement, leurs statuts approuvés, à charge de se conformer à la législation sur les sociétés.

Par dérogation à l'article 5 ci-dessus, elles ne seront pas tenues d'élever leur capital social au minimum spécifié audit article.

Elles pourront, d'autre part, si elles obtiennent l'enregistrement prévu à l'article précédent, conserver les placements antérieurement effectués par elles en conformité de leurs statuts, sans tenir compte des limitations imposées par le Règlement d'administration publique prévu à l'article 8, sous réserve de ne plus effectuer, à compter de sa promulgation, aucun placement dans les catégories pour lesquelles les limites fixées seront atteintes ou dépassées, et ce, jusqu'à ce que la proportion réglementaire soit rétablie.

Toutefois, l'emploi en placements sur première hypothèque, pour la moitié au plus de la valeur estimative, pourra, pendant une période maximum de vingt-cinq ans, être renouvelé pour une somme égale à celle que lesdites entreprises consacraient à cet emploi antérieurement au 1er juillet 1904.

21. Pour chacune des entreprises enregistrées par application de l'article 19, un Arrêté ministériel, pris sur avis conforme du Comité consultatif des assurances sur la vie, fixe dans les conditions spécifiées à l'avant-dernier alinéa de l'article 6 les bases du calcul des réserves ma-

thématiques des opérations réalisées antérieurement à la mise en vigueur du décret prévu par le paragraphe 5 de l'article 9.

22. Est abrogé le premier alinéa de l'article 66 de la loi du 24 juillet 1867, ainsi que toutes autres dispositions relatives aux tontines et aux sociétés d'assurances sur la vie.

Un Règlement d'administration publique déterminera les conditions dans lesquelles pourront être constituées les sociétés d'assurances sur la vie à forme mutuelle ou tontinière.

23. La présente loi est applicable à l'Algérie et aux colonies de la Réunion, la Martinique, la Guadeloupe, la Guyane, l'Inde française et la Nouvelle-Calédonie (1).

———

II.

17 mars 1905. — *DÉCRET relatif au Comité consultatif des assurances sur la vie.*

Art. **1er.** Les membres du Comité consultatif des assurances sur la vie, autres que les membres de droit, sont respectivement élus ou nommés par décret pour quatre ans.

Le Comité est renouvelé par moitié tous les deux ans.

Pour le premier renouvellement, le sort désigne les membres dont le mandat expire, par exception, au bout de deux ans.

Les membres sortants peuvent être renommés.

2. Sont remplacés immédiatement les membres du Comité qui perdent la qualité en raison de laquelle ils avaient été nommés.

3. Le ministre désigne le président et le vice-président du Comité parmi ses membres.

En cas de partage, la voix du président est prépondérante.

4. Le secrétariat du Comité est assuré par un secrétaire, et, s'il y a lieu, un secrétaire adjoint, qui sont désignés par le ministre.

5. Le Comité peut, avec l'autorisation spéciale du ministre, entendre les personnes qu'il jugerait en état de l'éclairer sur les questions qui lui sont soumises.

———

III.

7 mai 1905. — *Extrait du DÉCRET déterminant les conditions de recrutement des commissaires-contrôleurs des assurances sur la vie.*

Art. **1er.** Les commissaires-contrôleurs des

———

(1) A titre documentaire, nous croyons utile de donner le texte ci-après :

I bis.

8 décembre 1904. — *LOI interdisant, en France, l'assurance en cas de décès des enfants de moins de douze ans.*

Art. 1er. *Est considérée comme contraire à l'ordre public toute assurance au décès reposant sur la tête d'enfant de moins de douze ans.*

2. *Sont exceptées les contre-assurances contractées en vue d'assurer, en cas de décès, le remboursement des primes versées pour une assurance en cas de vie.*

N. D. L. R.

sociétés d'assurances sur la vie sont recrutés au concours.

Les concours ont lieu suivant les besoins du service. Un arrêté ministériel fixe le nombre des places mises au concours et détermine la date des épreuves, ainsi que le délai dans lequel les demandes d'admission doivent être adressées au ministère du commerce.

2. Nul ne peut être admis à prendre part au concours :

1° S'il ne justifie de la qualité de Français ;

2° S'il n'est âgé de plus de vingt-cinq ans et de moins de quarante ans au 1er janvier de l'année pendant laquelle s'ouvre le concours.

Nul candidat ne peut être admis à prendre part à plus de deux concours.

3. Les demandes d'admission au concours doivent être accompagnées :

1° D'un extrait d'acte de naissance ;

2° D'un certificat de moralité dûment légalisé et d'un extrait du casier judiciaire, ces deux pièces datant de moins de trois mois ;

3° D'un acte constatant que le candidat a satisfait à la loi sur le recrutement ou, en cas d'exemption du service militaire, d'une pièce faisant foi de cette exemption et de ses causes ;

4° D'une note signée du candidat et faisant connaître les études auxquelles il s'est livré, ainsi que les différents emplois successivement occupés par lui ;

5° Si le candidat appartient ou a appartenu à un service public, d'un relevé certifié de ses services ;

6° Des diplômes, brevets ou certificats que le candidat aurait obtenus, ou de copies certifiées de ces pièces.

4. Le ministre arrête la liste des candidats admis à concourir, après avis d'une commission instituée pour chaque concours et composée :

1° Du directeur de l'assurance et de la prévoyance sociales, président ;

2° Du directeur du cabinet du ministre ;

3° De deux membres du Comité consultatif des assurances sur la vie ;

4° D'un chef ou d'un sous-chef de bureau de l'Administration centrale du commerce, qui remplit les fonctions de secrétaire.

Les membres visés aux paragraphes 3 et 4 ci-dessus sont désignés par le ministre.

La Commission statue à la majorité des voix. En cas de partage, son avis est considéré comme défavorable.

5. Ne sont définitivement admis à prendre part au concours que les candidats ayant subi avec succès à Paris, devant un médecin désigné par le ministre, un examen médical constatant qu'ils sont de bonne constitution et aptes au service administratif.

Les épreuves commencent immédiatement après l'examen médical et se divisent en épreuves éliminatoires et en épreuves définitives.

6. Les épreuves éliminatoires comprennent :

1° Une composition de mathématiques portant sur des applications simples des théories suivantes : la résolution numérique des équations, les séries convergentes, les éléments du calcul différentiel, l'étude et la représentation graphique des fonctions, les principaux procédés d'intégration des expressions différentielles, les premiers éléments du calcul des probabilités ;

2° Une composition juridique portant sur les principes généraux du droit administratif.

Les épreuves définitives sont distribuées comme suit :

Coefficients.

1° Épreuves écrites :

A. — Rapport administratif (sur une question d'ordre général se rattachant à l'application de la législation sur les assurances) 2

B. — Composition de comptabilité. (Principes généraux de la comptabilité. Comptabilité spéciale des assurances.). 1

C. — Composition juridique. (Principes généraux de droit civil, commercial et administratif. Législation des sociétés, des assurances, des accidents du travail et des sociétés de secours mutuels.). 1

D. — Composition financière. (Théorie générale des opérations financières à long terme. Théorie et pratique des assurances sur la vie. Calculs d'assurances.) 4

2° Épreuves orales (sur des sujets tirés au sort une heure avant les interrogations parmi les matières des épreuves écrites et préparées sans aucun livre ni document) 4

3° Composition facultative : traduction, sans dictionnaire, de textes administratifs ou techniques, soit anglais, soit allemands (la composition ne peut porter que sur une des deux langues et la note attribuée n'entre en ligne de compte que si elle est supérieure à 14). 2

TOTAL. . . . 14

7. Chacune des épreuves est appréciée par une note qui varie de 0 à 20 et qui est affectée du coefficient ci-dessus déterminé.

Nul candidat ne peut être déclaré admissible s'il n'a obtenu au moins la moitié du maximum des points pour chacune des épreuves et en même temps une moyenne générale de 14.

8. Le jury de chaque concours est composé :

1° Du directeur de l'assurance et de la prévoyance sociales, président ;

2° De deux membres du Comité consultatif des assurances sur la vie ;

3° D'un professeur de faculté de droit ;

4° D'un membre choisi parmi les membres agrégés de l'Institut des actuaires français ;

5° D'un membre choisi parmi les commissaires contrôleurs des sociétés d'assurances contre les accidents du travail ;

6° D'un chef ou sous-chef de bureau de l'Administration centrale du commerce, qui remplit les fonctions de secrétaire.

Des examinateurs spéciaux sont adjoints au jury, s'il y a lieu, pour les épreuves facultatives de langues vivantes.

Les membres du jury, ainsi que les examinateurs adjoints, sont désignés par le ministre.

Le jury statue à la majorité des voix. En cas

Surveillance et contrôle des sociétés d'assurances sur la vie. 41

de partage, la voix du président est prépondérante.

9. Le procès-verbal du concours et la liste de classement sont soumis au ministre, qui prononce l'admissibilité suivant l'ordre de classement et pourvoit, au fur et à mesure des besoins, à la nomination de commissaires-contrôleurs adjoints.

10. Nul ne peut être nommé commissaire-contrôleur qu'après un stage d'une année dans les fonctions de commissaire-contrôleur adjoint.

Cette année expirée, le commissaire-contrôleur adjoint est l'objet d'un rapport adressé au ministre par le directeur de l'assurance et de la prévoyance sociales et rendant compte de ses aptitudes, de ses travaux et de sa manière de servir. Il cesse immédiatement son service si, au vu de ce rapport, le ministre ne le nomme pas commissaire-contrôleur.

11. Les commissaires-contrôleurs adjoints doivent, avant leur entrée en fonctions, prêter serment de ne pas divulguer les secrets dont ils auraient connaissance dans l'exercice de leurs fonctions.

IV.

20 mai 1905. — *ARRÊTÉ relatif aux commissaires-contrôleurs des sociétés d'assurances sur la vie.*

Art. 1er. Le cadre des commissaires-contrôleurs des sociétés d'assurances sur la vie est fixé par le ministre, suivant les besoins du service. Il comporte les classes et émoluments ci-après :

Commissaire-contrôleur adjoint, 4,500 fr. ;
Commissaire-contrôleur de 4e classe, 6,000 fr. ;
Commissaire-contrôleur de 3e classe, 7,000 fr. ;
Commissaire-contrôleur de 2e classe, 8,000 fr. ;
Commissaire-contrôleur de 1re classe, 10,000 fr.

Ces émoluments ne sont point soumis à retenues pour pensions civiles. Ils sont soumis, à partir de la titularisation, à un prélèvement de 5 o/o versé à la Caisse nationale des retraites pour la vieillesse au nom du titulaire, à capital aliéné et avec entrée en jouissance à soixante ans.

Une contribution d'égale quotité est versée dans les mêmes conditions par l'État au profit exclusif de l'intéressé, même s'il est marié.

2. Les prélèvements susénoncés et les contributions correspondantes sont versés à la caisse nationale des retraites, au cours de la première quinzaine de mars, de juin, de septembre et de décembre, par le caissier du ministère, qui est spécialement délégué comme agent intermédiaire à cet effet et qui reste le titre détenteur des livrets jusqu'au jour où les titulaires cessent leur service.

Lorsque, par suite des versements prévus à l'article précédent ou bien des versements personnels antérieurs ou complémentaires du titulaire, un livret a atteint le maximum fixé par la législation en vigueur sur la Caisse nationale des retraites, une décision ministérielle spéciale statue, l'intéressé entendu, sur l'affectation des versements ultérieurs, soit à une assurance en cas de décès à la Caisse nationale d'assurances, soit à la constitution d'une rente viagère nouvelle par une société d'assurances sur la vie.

3. La nomination à l'emploi de commissaire-contrôleur se fait à la dernière classe de cet emploi.

Les avancements de classe ont lieu au choix et sont effectués d'une classe à la classe immédiatement supérieure.

Nul ne peut être promu s'il ne compte au moins trois ans d'exercice dans la classe qu'il occupe.

4. Les avancements sont effectués d'après un tableau d'avancement arrêté à la fin de chaque année par le ministre, après avis du conseil visé à l'article 5 ci-après.

Ce tableau n'est valable que pour les promotions à faire pendant l'année suivante.

5. Les mesures disciplinaires applicables aux commissaires-contrôleurs adjoints et aux commissaires-contrôleurs sont les suivantes :
La réprimande ministérielle ;
La retenue d'émoluments, sans que cette retenue puisse excéder la moitié desdits émoluments pendant deux mois au plus ;
La révocation.

La première de ces mesures est prononcée directement par le ministre, sur le rapport du directeur de l'assurance et de la prévoyance sociales.

Les deux autres sont prononcées par le ministre, après avis d'un conseil spécial composé du directeur de l'assurance et de la prévoyance sociales, du directeur du cabinet du ministre, du commissaire-contrôleur le plus ancien dans la classe la plus élevée et d'un chef ou sous-chef de l'administration centrale du commerce désigné par le ministre, qui remplit les fonctions de secrétaire. Le conseil est présidé par le ministre ou, en son absence, par le directeur de l'assurance et de la prévoyance sociales.

L'intéressé doit être entendu par le conseil en ses moyens de défense ou dûment appelé. Le procès-verbal de la séance dans laquelle l'intéressé a comparu ou, s'il y a lieu, sa défense écrite, accompagne le rapport soumis au ministre par le conseil.

6. Les commissaires-contrôleurs et les commissaires-contrôleurs adjoints doivent avoir leur résidence dans le département de la Seine ou dans le département de Seine-et-Oise.

Ils ne peuvent se livrer à aucun travail rémunéré, accepter aucune fonction ou faire partie d'aucune commission sans autorisation préalable donnée par décision ministérielle, sur le rapport du directeur de l'assurance et de la prévoyance sociales.

S'ils sont ainsi autorisés à accepter une autre fonction, ils sont en même temps mis en congé sans émoluments et ils ne peuvent être réintégrés dans leur emploi que lorsque les besoins du service le comportent.

7. Les conditions du service au ministère et

des vérifications extérieures sont réglées par décision ministérielle, sur la proposition du directeur de l'assurance et de la prévoyance sociales.

Un congé d'un mois, au maximum, avec émoluments, peut être accordé chaque année.

8. Les vérifications à Paris, dans le département de la Seine ou dans le département de Seine-et-Oise ne comportent pas de frais de tournée.

Pour les vérifications dans les autres départements, les frais de déplacement et de séjour sont déterminés par décision ministérielle et réglés sur états justificatifs.

9. Chaque commissaire-contrôleur chargé de vérifications est spécialement accrédité, pour des périodes fixées, auprès des entreprises qu'il a mission de surveiller.

Il vérifie au siège de ces entreprises l'état des assurés et des sommes assurées, les contrats intervenus, les écritures et pièces comptables, la caisse, le portefeuille, les calculs des réserves et tous les éléments de contrôle propres soit à établir les opérations dont résultent des obligations pour les entreprises, soit à constater la régulière exécution, tant des statuts que des prescriptions édictées par la loi du 17 mars 1905 ou par les décrets et arrêtés qu'elle prévoit.

Il se borne à ces vérifications et constatations, sans pouvoir donner aux entreprises aucune instruction ni apporter à leur fonctionnement aucune entrave.

Il rend compte au directeur de l'assurance et de la prévoyance sociales, qui propose au ministre les redressements nécessaires.

V.

20 janvier 1906. — *DÉCRET relatif à la déchéance d'enregistrement des entreprises d'assurances sur la vie.*

Le Président de la République française,

Sur le rapport du ministre du commerce, de l'industrie, des postes et des télégraphes,

Vu la loi du 17 mars 1905, relative à la surveillance et au contrôle des sociétés d'assurances sur la vie et de toutes les entreprises dans les opérations desquelles intervient la durée de la vie humaine ;

Vu spécialement l'article 9 de ladite loi, ainsi conçu : (*Voir ci-dessus, p. 53.*)

. . . .

Vu l'avis du comité consultatif des assurances sur la vie,

Décrète :

Art. 1er. L'enregistrement prévu à l'article 2 de la loi du 17 mars 1905 cesse d'être valable si l'entreprise n'a pas commencé à fonctionner dans le délai d'un an à partir de la publication de l'enregistrement au *Journal officiel.*

2. Toute entreprise qui, avant l'expiration dudit délai, n'a pas justifié de ce fonctionnement est de plein droit déchue du bénéfice de l'enregistrement et ne pourra réaliser d'opérations qu'après un enregistrement nouveau. Le

ministère du commerce fait mentionner cette déchéance au *Journal officiel.*

VI.

20 janvier 1906. — *DÉCRET relatif aux dépenses de premier établissement des entreprises françaises d'assurances sur la vie.*

Art. 1er. Les dépenses de premier établissement des entreprises françaises sont limitées :

1° Pour les sociétés à forme mutuelle ou tontinière, à la quotité du fonds de premier établissement ;

2° Pour les autres sociétés, au quart du capital social.

2. Ces dépenses doivent être complètement amorties en quinze ans au plus à compter de l'enregistrement.

VII.

20 janvier 1906. — *DÉCRET déterminant les différentes tables de mortalité, le taux d'intérêt et les chargements d'après lesquels doivent être calculées au minimum les primes ou cotisations des opérations à réaliser par les entreprises d'assurances sur la vie, ainsi que les réserves mathématiques.*

Art. 1er. A titre provisoire, et sans préjudice des attributions d'excédents ou bénéfices qui peuvent être dues ou consenties aux assurés en fin d'exercices, les primes ou cotisations des opérations à réaliser, ainsi que les réserves mathématiques correspondantes, doivent être calculées au minimum sur les bases ci-après :

I. Pour les sociétés d'assurances à forme mutuelle qui ne paient aucune commission ni aucune rétribution sous quelque forme que ce soit, pour l'acquisition des assurances, et qui l'ont stipulé dans leurs statuts :

1° Le taux d'intérêt de 3.5 p. 100.

2° La table de mortalité A.F. pour les assurances en cas de décès ; la table de mortalité C.R. pour les assurances en cas de vie et les rentes viagères ;

3° Un chargement de 6 p. 100 de la prime ou cotisation brute pour frais de gestion et un chargement de 1 p. 100 pour frais d'encaissement.

II. Pour toutes les autres entreprises d'assurance à forme mutuelle, anonyme, en commandite ou autres, qui rétribuent l'acquisition des assurances :

1° Le taux d'intérêt de 3.5 p. 100 ;

2° La table de mortalité A.F. pour les assurances en cas de décès ; la table de mortalité R.F. pour les assurances en cas de vie et les rentes viagères ;

3° Un chargement égal, pour les assurances en cas de décès (y compris les assurances mixtes et à terme fixe), à :

3.5 p. 1.000 du capital assuré, sur chacune des primes annuelles supposées payables pendant la durée entière de l'assurance, pour frais de gestion ;

6 p. 100 de chacune des primes brutes, pour frais d'encaissement.

1 p. 100 du capital assuré, pour frais d'acquisition.

Toutefois, dans le cas des assurances temporaires, ce dernier chargement est fixé à 1/25 p. 100 du capital assuré, par année de durée, sans pouvoir excéder 1 p. 100. Dans le cas des assurances de rentes de survie, le chargement pour frais de gestion est de 3 5 p. 100 de la rente assurée, jusqu'au décès du survivant. et le chargement pour frais d'acquisition de 10/25 p. 100 de la rente, par année de durée de l'assurance, lorsque celle-ci est temporaire, sans pouvoir excéder dans aucun cas 10 p. 100.

4° Un chargement égal, pour les assurances en cas de vie, à :

1 p. 1,000 du capital assuré, sur chacune des primes annuelles supposées payables pendant la durée entière de l'assurance, pour frais de gestion ;

2.5 p. 100 de chacune des primes brutes, pour frais d'encaissement ;

0.5 p. 100 de la prime unique brute, pour frais d'acquisition.

5° Un chargement égal, pour les rentes viagères, à :

4 p. 100 de la rente assurée, pour frais de gestion ;

1 p. 100 de la rente assurée, pour frais de paiement ;

3 p. 100 de la prime unique brute, pour frais d'acquisition.

Toutefois, dans le cas des rentes viagères différées, les chargements sont ceux d'un capital différé dont le montant serait égal au capital constitutif de la rente à l'échéance, plus ceux correspondant aux frais de gestion et de paiement de ladite rente.

2. Les bases applicables à des opérations procédant d'une combinaison de différentes opérations élémentaires sont déterminées par analogie.

3. Les réserves mathématiques ne peuvent être inférieures à celles qui seraient obtenues au moyen de primes d'inventaire égales aux primes brutes, calculées comme il est dit aux articles 1 et 2, dépouillées de la portion du chargement destiné à couvrir les frais d'encaissement et les frais d'acquisition.

Il est tenu compte dans leur calcul de l'échéance et du fractionnement des primes ou cotisations et, en ce qui concerne les rentes viagères immédiates, de l'échéance des arrérages.

4. Les primes et les réserves mathématiques des assurances avec participation aux bénéfices dans lesquelles le résultat de la participation est déterminé d'avance doivent être majorées en conséquence.

VIII.

20 janvier 1906. — *DÉCRET relatif à l'inscription des contrats d'assurances sur la vie.*

Art. 1er. Les entreprises sont tenues d'inscrire, immédiatement après leur souscription. les contrats qu'elles acceptent soit directement, soit par réassurance, sur des registres spéciaux dans les conditions ci-après.

2. Il doit être tenu un registre pour toute catégorie distincte d'assurances, notamment pour chacune des catégories suivantes :

1° Assurances en cas de décès pour la vie entière à primes viagères ;

2° Assurances en cas de décès pour la vie entière à primes temporaires ;

3° Assurances temporaires en cas de décès ;

4° Assurances en cas de décès pour la vie entière, sur plusieurs têtes ;

5° Assurances mixtes ;

6° Assurances à terme fixe ;

7° Assurances de capitaux de survie ;

8° Assurances de rentes de survie ;

9° Assurances dotales ;

10° Assurances dites combinées ;

11° Contre-assurances ;

12° Assurances de capitaux différés sans contre-assurance;

13° Assurances de capitaux différés avec contre-assurance ;

14° Assurances de rentes viagères différées ;

15° Assurances de rentes viagères immédiates sur une tête;

16° Assurances de rentes viagères immédiates sur plusieurs têtes.

Pour celles des catégories qui comportent la participation aux bénéfices, les contrats souscrits avec participation doivent être séparés des contrats souscrits sans participation et, en outre, former des groupes distincts suivant que les bénéfices sont ou non payables immédiatement après la liquidation de l'exercice qui les a produits. Dans ce dernier cas, un groupement spécial doit correspondre à chaque système de participation.

3. L'inscription de chaque contrat doit comporter un numéro d'ordre, ainsi que le numéro général du contrat. Elle doit indiquer :

1° La date de souscription et celle d'effet initial du contrat ;

2° Les nom et prénoms, ainsi que la date de naissance de chacune des personnes sur la tête desquelles l'assurance repose;

3° S'il s'agit d'une assurance de survie, les nom et prénoms, ainsi que la date de naissance du survivant;

4° S'il s'agit d'une assurance dotale, les nom et prénoms, ainsi que la date de naissance du souscripteur assuré ;

5° Le montant du capital assuré ou de la rente assurée spécifié au contrat ;

6° Le montant de la prime, unique ou annuelle, spécifié au contrat ;

7° La date d'échéance de la première prime ou de la première fraction de prime annuelle :

8° Le nombre des primes annuelles, spécifié au contrat ;

9° Pour les assurances à terme, la date d'échéance du contrat ;

10° Pour les rentes, la date d'échéance du premier terme d'arrérages.

Le mode de fractionnement des primes et le mode de fractionnement des arrérages des rentes viagères doivent être mentionnés pour chaque contrat.

4. Les fractions du capital ou de la rente, cédées en réassurance sur chaque contrat, doivent être indiquées avec mention des entreprises ayant accepté les réassurances.

5. Toutes les annulations par suite de sinistre, d'échéance, de rachat ou pour toute autre cause doivent être immédiatement mentionnées sur le registre en regard de l'inscription.

Les contrats réduits doivent être signalés vis-à-vis de l'inscription par une mention expresse de réduction avec indication du montant du capital ou de la rente restant assuré.

6. Les transformations de contrats doivent faire l'objet de mentions explicites sur le registre initial, ainsi que sur le registre auquel elles correspondent. Il en est de même des rentes différées ou de survie venant à échéance.

7. Lorsque le produit de la participation aux bénéfices, au lieu d'être payé immédiatement en espèces, est réservé pour augmentation du capital assuré ou de la rente assurée, les accroissements successifs du capital ou de la rente doivent être mentionnés à leur date vis-à-vis du chiffre du capital ou de la rente initialement assuré.

Les réductions de la prime initiale résultant soit de la participation, soit de versements effectués au cours du contrat, doivent être également mentionnées à leur date.

8. Les entreprises à forme tontinière doivent, pour chaque association en cas de survie, ainsi que pour les associations en cas de décès, tenir un registre distinct mentionnant la durée de l'association et la date de son expiration.

L'inscription de chaque contrat sur ce registre doit comporter un numéro d'ordre et le numéro général du contrat. Elle doit indiquer :

1° Les nom et prénoms du souscripteur (personne qui contracte);

2° Les nom, prénoms et date de naissance du sociétaire (personne sur la tête de laquelle repose l'opération tontinière);

3° Les nom et prénoms du bénéficiaire (personne au profit de laquelle la souscription est effectuée);

4° Le montant brut de la souscription totale, spécifié au contrat, sans aucune déduction de frais de gestion ;

5° En ce qui concerne les associations en cas de décès, le montant de la somme probable devant revenir aux ayants droit ;

6° Le mode de paiement et l'échéance des annuités ou cotisations à verser.

Les annulations et les réductions de contrats pour défaut de paiement des annuités ou cotisations doivent être immédiatement mentionnées en regard de l'inscription correspondante.

9. Les prescriptions ci-dessus, en ce qui concerne les contrats souscrits antérieurement à l'enregistrement, ne seront pas obligatoires pour les entreprises qui justifieront que les indications portées sur leurs livres relativement à ces contrats correspondent d'une manière suffisante aux objets visés par lesdites prescriptions.

IX.

12 mai 1906. — *DÉCRET portant règlement d'administration publique sur la constitution des Sociétés d'assurances-vie à forme mutuelle ou tontinière.*

TITRE PREMIER

Dispositions générales

Art. 1er. Les sociétés à forme mutuelle ou tontinière contractant des engagements dont l'exécution dépend de la durée de la vie humaine peuvent se former soit par un acte authentique, soit par un acte sous seing privé, fait en double original, quel que soit le nombre des signataires à l'acte.

2. Les projets de statuts doivent : 1° indiquer l'objet, la durée, le siège, la dénomination de la société ; 2° déterminer le montant du fonds de premier établissement ; 3° fixer le nombre d'adhérents et le minimum de valeurs de contrats au-dessous desquels la société ne peut être valablement constituée, ainsi que la quote-part des premières cotisations qui devra être versée avant la constitution de la société.

3. Le texte entier des projets de statuts doit être inscrit sur toute liste destinée à recevoir les adhésions.

4. Lorsque le nombre des adhérents et le minimum des valeurs de contrats, fixés par les projets de statuts, auront été réunis, les fondateurs de la société ou leurs fondés de pouvoirs le constatent par une déclaration devant notaire. A cette déclaration sont annexés : 1° la liste nominative dûment certifiée des adhérents, contenant leurs noms, prénoms, qualités et domiciles et le montant des contrats souscrits par chacun d'eux ; 2° l'un des doubles de l'acte de société, s'il est sous seing privé, ou une expédition s'il est notarié et s'il a été passé devant un notaire autre que celui qui reçoit la déclaration ; 3° l'état des versements effectués.

5. La première assemblée générale, qui est convoquée à la diligence des fondateurs, vérifie la sincérité de la déclaration mentionnée à l'article précédent ; elle nomme les membres du conseil d'administration. Elle nomme également pour la première année les commissaires institués par l'article 20 ci-après. Les membres du conseil d'administration ne peuvent être nommés pour plus de six ans ; ils sont rééligibles, sauf stipulation contraire. Toutefois, ils peuvent être désignés par les statuts, avec stipulation formelle que leur nomination ne sera pas soumise à l'assemblée générale ; dans ce cas, ils ne peuvent être nommés pour plus de trois ans.

La société n'est définitivement constituée qu'après l'acceptation des membres du conseil d'administration et des commissaires.

6. Le compte des frais de premier établissement est apuré par le conseil d'administration et soumis à l'assemblée générale, qui l'arrête définitivement.

7. Dans le mois de la constitution de la société, une expédition de la déclaration faite devant notaire et de ses annexes est déposée au greffe du tribunal civil de l'arrondissement dans lequel se trouve le siège de la société. A cette expédition est annexée une copie certifiée des délibérations prises par l'assemblée générale constitutive.

8. Dans le même délai d'un mois, un extrait de l'acte constitutif et des pièces annexées est publié dans l'un des journaux qui se publient dans le lieu où siège le tribunal ou, s'il n'y en a pas, dans l'un de ceux publics dans le département.

9. L'extrait doit contenir la dénomination adoptée par la société, l'indication du siège social et la désignation des personnes autorisées à gérer, administrer et signer pour la société ; il indique le nombre d'adhérents et la valeur de contrats souscrits au-dessous desquels la société ne pouvait être valablement constituée, l'époque où la société a commencé, celle où elle doit finir et la date du dépôt fait en exécution de l'article 7 ci-dessus. Il indique également si la société doit ou non constituer un fonds temporaire de garantie.

L'extrait des actes et pièces déposés est signé, pour les actes publics, par le notaire, et, pour les actes sous seing privé, par les membres du conseil d'administration.

10. Tous actes et délibérations ayant pour objet la modification des statuts, la continuation de la société au delà du terme fixé par les statuts, la dissolution avant ce terme et tout changement à la dénomination de la société sont soumis aux mêmes formalités que les actes et délibérations relatifs à la formation de la société.

11. Toute personne a le droit de prendre communication des pièces déposées au greffe du tribunal et de s'en faire délivrer à ses frais expédition ou extrait par le greffier ou par le notaire détenteur de la minute.

Toute personne peut également exiger qu'il lui soit délivré, au siège de la société, une copie certifiée des statuts, moyennant le paiement d'une somme qui ne pourra excéder 1 fr.

12. Les sociétés ne peuvent traiter avec une entreprise de gestion que si les statuts l'ont explicitement prévu. Dans ce cas, les statuts doivent stipuler que les traités de gestion seront soumis à l'approbation préalable de l'assemblée générale, et que tous les documents destinés au public devront porter, immédiatement après la dénomination de la société, celle de l'entreprise chargée de sa gestion.

13. Les statuts déterminent les pouvoirs du conseil d'administration, qui devra être composé de cinq membres au moins. Le conseil pourra, si les statuts l'y autorisent, déléguer une partie de ses pouvoirs à l'un de ses membres, ou à un directeur pris en dehors de son sein.

14. Les membres du conseil d'administration doivent être pris parmi les adhérents remplissant les conditions exigées par les statuts et, notamment, ayant souscrit des contrats pour une valeur déterminée par ces statuts.

Pendant la durée de leurs fonctions, ils ne pourront ni résilier leurs contrats, ni en toucher les capitaux, ni en opérer la cession, à moins de les remplacer immédiatement par des contrats équivalents.

15. Le conseil d'administration élit parmi ses membres un président, un vice-président et un secrétaire dont les fonctions durent un an. Ils sont rééligibles.

Le conseil d'administration se réunit au moins une fois par mois. La présence de la moitié plus un des membres est nécessaire pour la validité des délibérations. Celles-ci sont prises à la majorité absolue des voix des membres du conseil. Le vote par procuration est interdit.

16. Il est tenu chaque année au moins une assemblée générale, à l'époque fixée par les statuts. Les statuts déterminent le minimum de valeur des contrats qu'il est nécessaire d'avoir souscrit pour être admis à l'assemblée.

Les adhérents peuvent se faire représenter par un mandataire, membre lui-même de l'assemblée générale, sans que, toutefois, un même mandataire puisse disposer de plus de cinq voix.

17. Les statuts indiquent les conditions dans lesquelles sont faites les convocations à l'assemblée générale ; ces convocations doivent être individuelles et précéder de vingt jours au moins la date fixée pour la tenue de l'assemblée.

Dans toutes les assemblées générales, il est tenu une feuille de présence. Elle contient les noms et domiciles des membres présents.

Cette feuille, certifiée par le bureau de l'assemblée et déposée au siège social, doit être communiquée à tout requérant.

18. L'assemblée générale ne peut délibérer valablement que si elle réunit le quart au moins des membres ayant le droit d'y assister ; si elle ne réunit pas ce nombre, une nouvelle assemblée est convoquée dans les formes et avec les délais prescrits par les statuts, et elle délibère valablement, quel que soit le nombre des membres présents ou représentés.

19. L'assemblée générale qui doit délibérer sur la nomination des membres du premier conseil d'administration et sur la sincérité de la déclaration faite, aux termes de l'article 4, par les fondateurs, doit être composée de la moitié au moins des membres ayant le droit d'y assister.

Si l'assemblée générale ne réunit pas le nombre ci-dessus, elle ne peut prendre qu'une délibération provisoire ; dans ce cas, une nouvelle assemblée générale est convoquée. Deux avis, publiés à huit jours d'intervalle, au moins un mois à l'avance, dans l'un des journaux mentionnés à l'article 8, font connaître aux adhérents les résolutions provisoires adoptées par la première assemblée, et ces résolutions deviennent définitives si elles sont approuvées par la nouvelle assemblée, composée du cinquième au moins des adhérents ayant le droit d'y assister.

Il sera procédé de même pour les assemblées qui ont à délibérer sur les modifications aux statuts ou sur des propositions de continuation de la société au delà du terme fixé pour sa durée, ou de dissolution avant ce terme.

Toute modification de statuts est portée à la connaissance des adhérents dans le premier récépissé de cotisation qui leur est délivré.

20. L'assemblée générale annuelle désigne un ou plusieurs commissaires, adhérents ou non, chargés de faire un rapport à l'assemblée générale de l'année suivante sur la situation de la société, sur le bilan et sur les comptes présentés par l'administration.

La délibération contenant approbation du bilan et des comptes est nulle si elle n'a été précédée du rapport des commissaires.

A défaut de nomination des commissaires par l'assemblée générale, ou en cas d'empêchement ou de refus d'un ou de plusieurs d'entre eux, il est procédé à leur nomination ou à leur remplacement par ordonnance du président du tribunal de première instance du siège de la société, à la requête de tout intéressé, les membres du conseil d'administration dûment appelés.

21. Pendant le trimestre qui précède l'époque fixée par les statuts pour la réunion de l'assemblée générale, les commissaires ont droit, toutes les fois qu'ils le jugent convenable dans l'intérêt de la société, de prendre communication des livres et d'examiner les opérations de la société. Ils peuvent toujours, en cas d'urgence, convoquer l'assemblée générale.

22. Quinze jours au moins avant la réunion de l'assemblée générale, tout adhérent peut prendre ou faire prendre par un fondé de pouvoirs, au siège social, communication de l'inventaire et de la liste des membres composant l'assemblée générale, et se faire délivrer copie de ces documents.

23. Les statuts déterminent le mode et les conditions générales suivant lesquels sont contractés les engagements entre la société et les adhérents.

TITRE II

Dispositions spéciales aux sociétés à forme mutuelle

24. Pour qu'une société à forme mutuelle puisse être valablement constituée, un nombre minimum de cinq cents contrats doit être souscrit sur des têtes distinctes pour un minimum de 500,000 fr. de capitaux assurés ou de 50,000 fr. de rentes viagères assurées.

25. Les statuts déterminent le maximum du chargement à ajouter aux primes pures pour faire face : 1° aux frais d'administration de la société ; 2° à la constitution de la réserve de garantie : 3° à l'amortissement du fonds de premier établissement et, s'il y a lieu, du fonds temporaire de garantie prévu à l'article suivant.

26. Indépendamment du fonds de premier établissement, les statuts peuvent prévoir la constitution d'un fonds temporaire de garantie qui ne peut dépasser 1,500,000 fr. et qui doit être intégralement amorti lorsque la réserve de garantie atteint ce chiffre. La portion amortie doit être chaque année au moins égale au chiffre atteint par la réserve de garantie lors de l'inventaire de l'exercice précédent.

27. Les excédents réalisés au cours de chaque exercice, après acquittement intégral des charges sociales, appartiennent à l'ensemble des adhérents et leur profitent exclusivement.

Les statuts doivent spécifier le mode et les bases de répartition de ces excédents.

Les statuts doivent également prévoir le cas où l'actif de la société deviendrait insuffisant pour faire face à ses engagements et indiquer comment il serait procédé pour y pourvoir.

TITRE III

Dispositions spéciales aux sociétés à forme tontinière

28. Les associations en cas de survie ou en cas de décès que forment les sociétés à forme tontinière ne peuvent être valablement constituées que si elles comprennent au moins cent membres.

29. Aucune association en cas de survie ne peut avoir une durée inférieure à dix ans, ni supérieure à vingt-cinq ans, comptés à partir du 1er janvier de l'année au cours de laquelle elle a été ouverte.

La durée pendant laquelle une association en cas de survie demeure ouverte doit être inférieure d'au moins cinq ans à sa durée totale.

30. Il est interdit aux sociétés à forme tontinière de garantir à leurs adhérents que la liquidation des associations dont ils font partie leur procurera une somme déterminée à l'avance.

31. Leurs statuts doivent spécifier :

1° La cessation, en cas de décès du sociétaire, du versement des annuités que le souscripteur aurait encore à faire aux associations en cas de survie ;

2° La réduction des droits acquis au bénéficiaire, s'il y a eu cessation des versements du souscripteur aux associations en cas de survie, sous la condition de justifier de l'existence du sociétaire et du paiement d'une fraction de la souscription totale, sans que les statuts puissent fixer cette fraction à plus des trois dixièmes.

3° Les bases de répartition pour les contrats ainsi réduits, avec exclusion ou non du partage des intérêts et bénéfice ;

4° Les délais et les formes dans lesquels la société est tenue d'aviser les intéressés de l'expiration des associations en cas de survie ;

5° Les délais pour la production des pièces et justifications réglementaires à l'appui des liquidations d'associations, ainsi que l'affectation des sommes non retirées par les ayants droit, dans une délai déterminé, à partir du 31 décembre de l'année pendant laquelle a eu lieu la répartition ;

6° L'affectation des fonds des associations en cas de survie, qui ne pourraient être liquidées par suite du décès ou de la forclusion de tous leurs membres, ainsi que des associations en cas de décès qui ne pourraient être liquidées par suite de l'absence de décès ;

7° Le mode de payement des cotisations aux associations en cas de décès, qui devront être exigibles d'avance au début de chaque année, sauf la première, qui pourra être payée à l'échéance choisie par le souscripteur et qui devra alors être réduite d'un quart, de la moitié ou des trois quarts, selon que le versement de la cotisation aura lieu dans le deuxième, le troisième ou le quatrième trimestre de l'année ;

8° La quotité des prélèvements qui pourraient

être affectés à la constitution d'une réserve en faveur des survivants des associations en cas de décès;

9° Les conditions dans lesquelles le fonds de premier établissement sera versé, rémunéré et amorti, sans, d'autre part, pouvoir être augmenté;

10° Les conditions dans lesquelles la société, en cas de dissolution ou de retrait d'enregistrement, pourra procéder à la liquidation par anticipation des associations en cours, en vertu d'une délibération spéciale de l'assemblée générale des souscripteurs et sous réserve du visa du ministre du commerce.

X.

9 juin 1906. — *DÉCRET relatif au placement de l'actif des entreprises d'assurances sur la vie.*

Art. **1er**. L'actif des entreprises françaises, sous déduction des portions visées à l'article 2 ci-après, et la portion d'actif des entreprises étrangères visées à l'article 7, 3e alinéa, de la loi du 17 mars 1905 doivent être employés ainsi qu'il suit:

1° Sans limitation:

En valeurs émises par l'Etat français ou pourvues par lui d'une garantie portant sur le capital ou sur le revenu; en obligations libérées et négociables des départements, des communes et des chambres de commerce de France et d'Algérie; en obligations foncières et communales du Crédit foncier de France; en prêts sur toutes les susdites valeurs, jusqu'à concurrence de 75 °/₀ de leur cours; en avances sur les polices émises par l'entreprise; en prêts hypothécaires sur la propriété urbaine bâtie, en France, sans que ces prêts, y compris les prêts antérieurement inscrits, puissent dépasser 50 °/₀ de la valeur de l'immeuble;

2° Dans la proportion de deux cinquièmes au plus:

En prêts aux départements, aux communes et aux chambres de commerce de France et d'Algérie, ainsi qu'aux colonies françaises ou aux pays de protectorat; en immeubles situés en France et en Algérie; en prêts hypothécaires sur ces immeubles, jusqu'à concurrence de 50 °/₀ de leur valeur dans les conditions indiquées au paragraphe précédent.

3° Dans la proportion d'un quart au plus:

En valeurs de toute nature, françaises ou étrangères, figurant à la cote officielle de la Bourse de Paris et inscrites sur une liste préalablement approuvée par l'assemblée générale des actionnaires; en prêts sur ces valeurs, jusqu'à concurrence de 75 °/₀ de leur cours; en immeubles situés dans les colonies françaises ou dans les pays de protectorat; en prêts hypothécaires sur ces immeubles jusqu'à concurrence de 50 °/₀ de leur valeur, comme il est dit ci-dessus.

Dans chacune des catégories énumérées ci-dessus sont respectivement comptés, avec les placements en toute propriété, les nues propriétés et les usufruits des valeurs correspondantes,

2. En dehors des limitations fixées à l'article précédent, les entreprises françaises peuvent employer les portions de leur actif correspondant aux réserves mathématiques afférentes aux opérations réalisées dans chacun des pays étrangers où elles opèrent, ainsi qu'aux cautionnements qui pourraient être exigés par lesdits pays en valeurs admises par les législations étrangères sur la matière.

Elles peuvent également, en représentation desdites portions d'actif, acquérir, dans chacun des pays étrangers où elles opèrent, des immeubles pour l'installation de leurs services.

3. Dans les inventaires, les valeurs figurant à l'actif sont estimées de la manière suivante:

1° Les valeurs mobilières, au prix d'achat, sauf lorsque, pour l'ensemble desdites valeurs, ce prix est supérieur de plus de 5 °/₀ à celui qui résulterait du cours de la Bourse de Paris ou, à défaut, des cours d'une des principales places du pays d'émission, à la date de la clôture de l'inventaire. Dans ce dernier cas, un arrêté ministériel, pris après avis du comité consultatif des assurances sur la vie, fixera les conditions et délai dans lesquels la valeur estimative devra être réduite de la différence entre le prix d'achat et le prix résultant de l'évaluation aux cours susvisés;

2° Les prêts hypothécaires, les prêts sur titres, les prêts aux départements, aux communes, aux chambres de commerce, aux colonies et aux pays de protectorat, ainsi que les avances sur polices, d'après les actes qui en font foi, et en tenant compte, à chaque inventaire, des amortissements effectués;

3° Les immeubles, soit au prix d'achat, soit au prix de revient, tel qu'il ressort des travaux de construction et d'amélioration, à l'exclusion des travaux d'entretien proprement dits.

La vérification de la valeur des immeubles peut être effectuée, à une époque quelconque, par les soins du ministre du commerce, après avis du comité consultatif des assurances sur la vie.

4° Les nues propriétés et les usufruits, suivant les règles générales fixées par un arrêté ministériel, après avis du comité consultatif des assurances sur la vie.

4. L'actif des entreprises à forme tontinière doit, sous réserve des dispositions qui pourraient être prescrites par les législations étrangères pour les souscriptions reçues à l'étranger, être employé en valeurs émises par l'Etat français ou pourvues par lui d'une garantie portant sur le capital ou sur le revenu, en obligations libérées et négociables des départements, des communes et des chambres de commerce de France et d'Algérie, en obligations foncières et communales du Crédit foncier de France.

5. Pour les entreprises françaises, les valeurs mobilières doivent être représentées par des certificats ou titres nominatifs.

Les valeurs qui ne comporteraient pas de certificats ou titres nominatifs doivent être représentées par des récépissés de la Banque de France.

6. Les entreprises étrangères auront un délai de cinq ans pour remplacer, par fractions annuelles d'au moins un cinquième, les valeurs qu'elles doivent déposer à la Caisse des dépôts et consignations, en garantie des opérations réalisées en France ou en Algérie antérieurement à leur enregistrement, par un portefeuille constitué conformément aux dispositions de l'article 1er du présent décret ; les mouvements de titres effectués ne pourront comporter que le remplacement des valeurs transitoirement admises par des valeurs spécifiées à l'article 1er.

Toutefois, dans la proportion du quart, indiquée au troisième paragraphe dudit article, pourront être conservées, jusqu'à l'expiration des contrats en cours, les valeurs étrangères non cotées à la Bourse de Paris, pourvu qu'elles figurent parmi les valeurs admises, en matière d'assurances sur la vie, par la législation du pays d'origine de chaque entreprise.

7. Les entreprises françaises qui n'étaient pas soumises à l'autorisation et qui, réalisant des opérations définies à l'article 1er de la loi, devront se faire enregistrer, bénéficieront également d'un délai de cinq ans pour faire rentrer leurs placements dans le cadre de l'article 1er ci-dessus. La transformation de leur portefeuille devra s'opérer aussi par fractions annuelles d'au moins un cinquième.

XI.

22 juin 1906. — *DÉCRET relatif à l'enregistrement des entreprises d'assurances sur la vie.*

Art. 1er. Les demandes d'enregistrement visées aux articles 2 et 19 de la loi du 17 mars 1905 ne sont recevables que si elles sont dûment appuyées des pièces et justifications ci-après :

1° Le récépissé du dépôt préalable à la Caisse des dépôts et consignations de la somme fixée ci-après;

2° Un original ou une expédition de l'acte constitutif de l'entreprise ;

3° Le texte intégral des statuts ;

4° Le tarif complet des primes brutes ou cotisations, des primes pures, et, s'il y a lieu, des primes d'inventaire, afférentes à toutes les opérations de l'entreprise ;

5° S'il s'agit d'opérations tontinières, les tarifs et barèmes y afférents ;

6° Une note technique exposant le mode d'établissement des tarifs et barèmes et les bases du calcul des diverses catégories de primes ou cotisations.

2. Les entreprises visées à l'article 19 de la loi du 17 mars 1905 doivent produire en outre :

1° L'indication du régime légal sous lequel fonctionne l'entreprise;

2° Les tarifs et barèmes se rapportant aux opérations réalisées antérieurement à l'enregistrement, accompagnés d'une note technique explicative, comme il est spécifié aux numéros 4°, 5° et 6° du précédent article ;

3° La justification sommaire que l'entreprise possède, à raison de ses contrats et des tarifs en vigueur avant l'enregistrement, des réserves mathématiques égales à la différence entre les valeurs des engagements respectivement pris par elle et par les assurés.

3. Les entreprises étrangères doivent produire, indépendamment des pièces et justifications respectivement prévues ci-dessus :

1° Les certificats de coutume, attestations et documents nécessaires pour établir la régularité juridique de la Société dans son pays d'origine ;

2° L'indication du siège de l'entreprise pour les opérations visées aux articles 12 et 23 de la loi du 17 mars 1905 ;

3° L'acte d'accréditation auprès du ministre du commerce d'un agent spécialement préposé à la direction desdites opérations.

4. Le dépôt que les entreprises doivent préalablement effectuer à la Caisse des dépôts et consignations est égal :

1° Pour les sociétés françaises à forme mutuelle ou tontinière, au quart du fonds de premier établissement, sans toutefois pouvoir être inférieur à 50,000 fr., ni supérieur à 500,000 fr. ;

2° Pour toutes les autres entreprises, françaises ou étrangères, à 500,000 fr.

5. Le dépôt est constitué soit en espèces, soit en valeurs de l'Etat ou jouissant d'une garantie de l'Etat, en obligations négociables et entièrement libérées des départements, des communes et des chambres de commerce ou en obligations foncières et communales du Crédit foncier.

Les valeurs sont estimées au cours moyen de la Bourse de Paris de la veille du jour du dépôt, et, à défaut de cours à cette date, à celui de la précédente cote.

6. Le dépôt est restitué aux entreprises sur décision du ministre du commerce et dans les dix jours de la notification de cette décision.

Cette notification doit être adressée à l'entreprise et à la Caisse des dépôts et consignations :

1° Au cas d'enregistrement, dans le mois qui suit la mention de l'enregistrement au *Journal officiel* ;

2° Au cas de refus d'enregistrement, dans le mois qui suit, soit l'acquiescement de l'entreprise au refus, soit le rejet de son recours pour excès de pouvoir devant le Conseil d'Etat.

XII.

22 juin 1906. — *DÉCRET relatif à la réserve des garanties des entreprises d'assurances sur la vie.*

Art. 1er. La réserve de garantie que les entreprises sont tenues de constituer, en exécution du troisième alinéa de l'article 5 de la loi du 17 mars 1905, est alimentée :

1° Pour les sociétés françaises, anonymes ou en commandite, par le prélèvement annuel sur leurs encaissements d'une somme au moins égale à 3 ‰ du montant global des primes uniques et périodiques encaissées au cours de l'exercice. Ce prélèvement est réduit de moitié lorsque la réserve de garantie atteint un chiffre égal à 5 % des réserves mathématiques; il cesse d'être obligatoire lorsque cette réserve atteint un chiffre égal à 10 % des réserves mathématiques ;

2° Pour les entreprises françaises autres que celles visées au paragraphe précédent, à l'exception des entreprises à forme tontinière, ainsi que pour les entreprises étrangères, en ce qui concerne les contrats souscrits ou exécutés en France, en Algérie ou dans les colonies, visées par l'article 23 de la loi du 17 mars 1905, par le prélèvement annuel sur leurs encaissements d'une somme au moins égale à 3 °/₀₀ du montant des primes ou cotisations encaissées au cours de l'exercice. Ce prélèvement est réduit de moitié lorsque la réserve de garantie atteint un chiffre égal à 6 °/₀ des réserves mathématiques; il cesse d'être obligatoire lorsque cette réserve atteint un chiffre égal à 10 °/₀ des réserves mathématiques.

XIII.

25 juin 1906. — *DÉCRET relatif au dépôt de valeurs à la Caisse des dépôts et consignations pour les entreprises étrangères d'assurances sur la vie.*

Art. 1ᵉʳ. Tous les ans, avant le 31 mai, les entreprises étrangères sont tenues de justifier du dépôt à la Caisse des dépôts et consignations, conformément aux dispositions de la loi du 28 juillet 1875, des valeurs mobilières représentant la portion de leur actif visée à l'article 7, troisième alinéa, de la loi du 17 mars 1905 et établie d'après les comptes arrêtés au 31 décembre précédent.

2. Cette justification consiste dans la production au ministère du commerce d'un certificat de dépôt délivré par la Caisse des dépôts et consignations et énumérant, d'après les déclarations de l'entreprise, visées par le ministre du commerce ou son délégué :

1° Les valeurs mobilières comprises dans la portion d'actif correspondant :

a) Aux réserves mathématiques des contrats antérieurs à l'enregistrement ;

b) Aux bénéfices attribuables pour les mêmes contrats aux assurés dans les conditions prévues par l'article 7, premier alinéa, de la loi susvisée ;

2° Les valeurs mobilières comprises dans la portion d'actif correspondant :

a) Aux réserves mathématiques des contrats postérieurs à l'enregistrement ;

b) Aux bénéfices attribuables pour les mêmes contrats dans les conditions prévues à l'article 7, premier alinéa, de la loi susvisée ;

c) A la réserve de garantie.

La déclaration de l'entreprise indique la nature des titres mobiliers, leur numéro d'émission et leur valeur, estimée, soit au cours de la Bourse de Paris, la veille du jour de la déclaration, soit pour les valeurs non cotées à ladite Bourse, au dernier cours connu de la Bourse de la capitale, ou, à défaut, d'une des principales places du pays d'émission. Elle doit, en ce qui concerne les valeurs étrangères visées à l'article 6 du règlement d'administration publique du 9 juin 1906, être appuyée de justifications établissant que chacune de ces valeurs est possédée par l'entreprise, en conformité de la législation de son pays d'origine en matière d'assurances sur la vie.

3. Les entreprises étrangères réalisant des opérations tontinières sont tenues de justifier tous les ans, avant le 31 mai, dans les conditions

prévues à l'article 2 ci-dessus, du dépôt des valeurs représentant l'avoir des associations en cas de survie ou en cas de décès au 31 décembre précédent.

Le certificat de dépôt reproduit la déclaration de l'entreprise qui énumère séparément :

1° Les valeurs représentant l'avoir de chacune des associations de survie dont la liquidation n'était pas terminée au 31 décembre précédent.

2° Les valeurs représentant l'avoir de chacune des associations en cas de décès dont la liquidation n'était pas terminée au 31 décembre précédent.

4. Le retrait des valeurs ainsi déposées ne peut être opéré par les entreprises que dans le cas :

1° D'un remploi de fonds préalablement réalisé sur certificat délivré par la Caisse des dépôts et consignations et au moins équivalent à la valeur des titres aliénés, d'après le cours de la Bourse au jour du remploi ;

2° D'une réduction des réserves ou du montant des bénéfices attribuables, telle qu'elle résulte du mouvement des opérations d'assurance ;

3° De liquidation d'associations tontinières.

Le retrait des valeurs représentant l'avoir d'associations tontinières liquidées ne peut avoir lieu qu'après vérification de la liquidation par le ministre du commerce.

Le retrait des valeurs correspondant aux réserves mathématiques ou aux bénéfices attribuables dans les conditions susvisées ne peut avoir lieu que tous les trois mois au plus et sur justification d'une réduction au moins équivalente des engagements de l'entreprise.

Les retraits de valeurs ne peuvent être effectués sans visa préalable du ministre du commerce ou de son délégué.

XIV.

22 juin 1906. — *DÉCRET relatif aux conditions dans lesquelles doivent être gérées les entreprises à forme tontinière.*

Art. 1ᵉʳ. Les entreprises à forme tontinière doivent déterminer dans leurs statuts, sous réserve des prescriptions contenues dans le règlement d'administration publique prévu par l'article 22 de la loi du 17 mars 1905 et dans le présent décret, les conditions de formation et de durée des associations en cas de survie et des associations en cas de décès.

TITRE PREMIER

Des associations en cas de survie

2. L'ouverture et la constitution de chaque association en cas de survie ainsi que la clôture des listes d'inscription à ladite association doivent être constatées par délibérations du conseil d'administration de l'entreprise.

3. Chaque association doit être liquidée immédiatement après son expiration.

4. Les fonds provenant des souscriptions doivent être intégralement versés aux associations, sous la seule déduction des frais de gestion statutaires.

Les fonds de chaque association doivent être gérés séparément et ne peuvent se confondre à aucun égard avec ceux des autres associations.

5. Les fonds des associations doivent être placés, au plus tard dans le délai d'un mois à dater du recouvrement.

La date de l'achat et le prix des valeurs seront justifiés au moyen du bordereau de l'agent de change, qui devra mentionner, d'autre part, les associations au profit desquelles les valeurs auront été acquises.

Les intérêts et arrérages ainsi que les remboursements, primes et lots, doivent être placés dans les mêmes conditions.

6. Les valeurs appartenant aux associations formées par les entreprises françaises doivent être déposées, aussitôt après leur acquisition, soit à la Caisse des dépôts et consignations, soit à la Banque de France, au nom de l'entreprise, avec désignation des associations auxquelles elles appartiennent, reproduite sur les récépissés de dépôt.

Ces valeurs ne peuvent être réalisées qu'à l'époque de la liquidation des associations, pour le produit en être réparti aux bénéficiaires, sous réserve de remplois qui ne pourront être effectués que sur visa préalable du ministre du commerce ou de son délégué.

Ce visa ne peut être délivré qu'au vu d'une décision du conseil d'administration de l'entreprise indiquant le nombre et la nature des titres à aliéner, ainsi que la nature des titres de remploi. La valeur des titres de remploi doit être au moins égale à la valeur des titres aliénés.

Les titres de remploi doivent être déposés, aussitôt après leur acquisition, dans les conditions prévues ci-dessus.

7. A l'expiration de chaque association, une délibération du conseil d'administration de l'entreprise arrête la répartition entre les ayants droit. Une copie de cette délibération, certifiée par le directeur de l'entreprise et par deux membres du conseil d'administration, spécialement désignés à cet effet par ce conseil, est adressée au ministre du commerce, avec un état nominatif de la répartition, en double exemplaire.

8. La répartition porte sur l'intégralité de l'avoir de l'association. Elle est effectuée entre les ayants droit au prorata du montant de leur souscription. Toutefois, les bénéficiaires dont les droits auraient été réduits par suite de la cessation de paiement des annuités dues par les souscripteurs ne participent à la répartition que sur les bases spécifiées par les statuts de l'entreprise.

Les droits des bénéficiaires sont ramenés à l'égalité proportionnelle au moyen de barèmes de répartition établis d'après une table de mortalité et, s'il y a lieu, un taux d'intérêt spécifiés par les statuts et tenant compte de l'âge des sociétaires, ainsi que du mode et de l'époque des versements.

9. La répartition prévue à l'article 7 ne peut être arrêtée qu'au vu des certificats de vie des

sociétaires survivants, ou des actes de décès desdits sociétaires, s'ils sont décédés après la date fixée aux contrats pour l'expiration de l'association, sous réserve des délais fixés par les statuts pour la production desdites pièces.

TITRE II

Des associations en cas de décès.

10. Les associations en cas de décès doivent être liquidées à la fin de chaque année.

11. Pour une même entreprise, l'association en cas de décès doit être unique. Toutefois, une seconde association, dite de contre-assurance, peut être constituée dans le but exclusif de compenser la perte pouvant résulter du décès des sociétaires pour les souscripteurs aux associations en cas de survie formées par l'entreprise.

12. Les cotisations sont calculées en tenant compte de l'âge des sociétaires à l'époque de leur échéance, et suivant un tarif établi sur une table de mortalité spécifiée par les statuts. Elles sont proportionnelles au montant, déterminé au moyen dudit tarif, de la somme probable à obtenir lors de la répartition.

13. Les dispositions des articles 4, 5 et 6 s'appliquent aux associations en cas de décès.

14. A la fin de chaque année, l'intégralité de l'avoir de chaque association est répartie entre les ayants droit des sociétaires décédés au cours de l'année, sous la seule déduction des prélèvements qui pourraient être spécifiés par les statuts en conformité du règlement d'administration publique prévu à l'article 22 de la loi du 17 mars 1905.

Les dispositions de l'article 7 s'appliquent à la répartition de l'avoir des associations en cas de décès.

15. La répartition est effectuée au prorata des sommes correspondant à chaque cotisation, conformément à l'article 12 ci-dessus.

Pour l'association dite de contre-assurance, la répartition est effectuée au prorata des sommes versées sur les souscriptions aux associations en cas de survie.

16. La répartition ne peut être arrêtée qu'au vu des pièces justifiant du décès des sociétaires, sous réserve des délais fixés par les statuts pour la production desdites pièces.

XV.

22 juin 1906. — *DÉCRET relatif aux conditions de fonctionnement des entreprises de gestion d'assurances sur la vie.*

Art. **1ᵉʳ.** Toute entreprise qui se fait attribuer la gestion d'assurances sur la vie ne peut fonctionner à ce titre que sous la responsabilité de l'entreprise qu'elle gère et après avoir produit au ministre du commerce :

1° Le récépissé du dépôt à la Caisse des dépôts et consignations du capital de garantie prévu à l'article 9, paragraphe 9, de la loi du 17 mars 1905 ;

2° L'acte constitutif de l'entreprise gérante ;

3° Le texte intégral de ses statuts ;

4° Le texte intégral du traité de gestion intervenu entre elle et l'entreprise dont elle se fait attribuer la gestion.

2. Le traité de gestion visé au paragraphe 4 de l'article précédent doit spécifier :

1° L'objet, le titre et le siège social de l'entreprise gérante ;

2° L'objet, le titre et le siège social de l'entreprise gérée ;

3° La date d'origine de la gestion et la durée de sa période initiale ;

4° Les pouvoirs de l'entreprise gérante ;

5° Les conditions dans lesquelles l'entreprise gérée exercera son contrôle sur la gestion dont elle est l'objet ;

6° Les conditions de remise de la gestion à l'entreprise gérée par l'entreprise gérante, à l'expiration du traité de gestion, ou, au cas de cessation anticipée de la gestion, pour quelque cause que ce soit ;

7° Les mesures applicables en cas de retrait de l'enregistrement de l'entreprise gérée.

3. Tout renouvellement du traité de gestion doit faire l'objet d'une production au ministre du commerce du traité renouvelé, dans la forme prévue à l'article 2, au moins trois mois avant l'expiration de la gestion en cours.

4. Les entreprises de gestion ne peuvent prélever la rémunération de leur gestion que dans les conditions stipulées au traité de gestion, et sans pouvoir excéder :

1° En ce qui concerne les opérations d'assurances à primes, le montant des chargements résultant des statuts et des tarifs de l'entreprise gérée, sous déduction toutefois de la portion desdits chargements qui pourrait être nécessaire à la constitution de la réserve de garantie ;

2° En ce qui concerne les opérations tontinières, le montant des droits et des prélèvements pour frais de gestion fixés par les statuts de l'entreprise gérée.

5. Les entreprises de gestion ne peuvent en aucun cas se faire déléguer, par l'entreprise gérée, les pouvoirs qui ont trait aux opérations d'assurances et notamment à l'établissement des contrats, à la détermination et à l'exécution des engagements en résultant, au placement des fonds destinés à assurer la garantie de ces engagements, à l'ouverture, à la constitution, à la clôture et à la liquidation des associations tontinières.

6. Le dépôt prescrit à l'article 9, paragraphe 9, de la loi du 17 mars 1905 est restitué aux entreprises en fin de gestion, sur le visa du ministre du commerce ou de son délégué, après justification de la complète exécution de tous les engagements résultant du traité de gestion et au vu d'une attestation des représentants de l'entreprise gérée constatant cette exécution.

TABLE DES MATIÈRES

COMMENTAIRES

TEXTES LÉGISLATIFS

BULLETIN-COMMENTAIRE DES LOIS NOUVELLES ET DÉCRETS

Recueil mensuel fondé en 1894. — Abonnement annuel. 7 fr.

ADMINISTRATION : **103, Boulevard Saint-Michel, à Paris.**

LISTE ALPHABÉTIQUE DES COMMENTAIRES

Publiés de 1894 à 1905

EN VENTE SÉPARÉMENT DE 1 FR. 50 A 3 FR.

Table alphabétique des commentaires publiés de 1894 à 1905.

Table alphabétique des commentaires publiés de 1894 à 1905.

Table alphabétique des commentaires publiés de 1894 à 1905.

N. B. — Tous les commentaires sont rédigés dans un sens essentiellement pratique, par des auteurs connus et appréciés, dont le nom fait autorité en la matière traitée, plusieurs spécialistes concourant souvent au même article.

Autant que possible chaque fascicule mensuel n'est consacré qu'à une seule monographie, formant un tout bien complet et facile à consulter dans toutes les circonstances de la vie publique et privée.

A cet effet, des index très complets, placés au commencement ou à la fin de l'article, permettent de trouver immédiatement la solution cherchée.

Recherches gratuites sur toutes questions bibliographiques et juridiques pour les abonnés au **Bulletin-Commentaire des Lois Nouvelles et Décrets** *et remise de 15 %, sur tout ouvrage de librairie.* — Ecrire à M. BELZACQ, directeur, 103, boulevard Saint-Michel, Paris (Vᵉ).

BULLETIN-COMMENTAIRE DES LOIS NOUVELLES & DÉCRETS

Recueil mensuel. — Abonnement annuel, **7 fr.**

103, boulevard Saint-Michel, à Paris (V^e)

LÉONCE BELZACQ, DIRECTEUR

Tous les articles sont rédigés par d'éminents jurisconsultes, spécialistes dans la matière traitée

INDICATION DES PRINCIPALES MATIÈRES TRAITÉES

I. — De 1894 à 1899 inclus

Deux tomes réunis en un fort volume de 1,284 pages. Prix net, relié demi-chagrin rouge, 25 fr.

Accidents du travail. — **Animaux domestiques** (Police, protection, vente). — **Anarchistes** (Menées). — **Armée** (Etudiants. Service de deux frères. Membres du Parlement). — **Assistance médicale gratuite.**
Boissons. — **Brocanteurs** (Commerce de). — **Budgets** (de 1895 à 1899).
Cadastre (Revision du). — **Caisse nationale des retraites.** — **Caisses d'épargne.** — **Caisses de retraites, de secours et de prévoyance** (Employés et ouvriers). — **Cautionnements.** — **Chambres de commerce.** — **Chasse** (Police de la). — **Conseils généraux.** — **Contributions directes et taxes** (de 1896 à 1899). — **Crédit agricole.**
Domaines congéables. — **Droits électoraux** (Officiers ministériels destitués).
Eaux (Régime des). — **Enfants naturels.** — **Enfants** (Violences). — **Enseignement public** (Responsabilité civile). — **Epoux survivant** (Droits de l'). — **Actes de l'état civil** (Mentions). — **Etrangers** (Cautions. Séjour et travail). — **Explosifs.**
Fabriques paroissiales. — **Femmes électeurs** (Tribunaux de commerce). — **Femme témoin.** — **Fonds de commerce** (Nantissement). — **Frais dus aux officiers ministériels.**
Habitations à bon marché. — **Huissier** (Secret des actes d').
Inscription maritime. — **Instruction judiciaire modifiée.** — **Jours fériés.** — **Juges de paix** (Audiences foraines).
Lettres de change. — **Dons et legs** (à des personnes morales).
Mariage. — **Marins** (Caisse de retraite). — **Malfaiteurs** (Associations).
Nationalité. — **Notaires** (Honoraires des).
Oppositions (Salaires et petits traitements). — **Outrages aux bonnes mœurs.** — **Ouvriers mineurs.**
Pêche fluviale. — **Police administrative.** — **Récolte** (Police rurale). — **Réhabilitation** des condamnés. — **Revision des procès criminels.** — **Saisie-arrêt sur salaires et petits traitements.** — **Salubrité publique.** — **Sécurité publique.** — **Séparation de corps.** — **Simple police** (Appel des jugements de). — **Sociétés de secours mutuels et statuts modèles.** — **Sociétés par actions.** — **Succession** (Rapport à).
Tarif des notaires. — **Taxe militaire.** — **Travaux publics** (Dommages causés par les).
Valeurs étrangères. — **Ventes des objets abandonnés chez les aubergistes et hôteliers.** — **Vins artificiels et fraudes.**
Warrants agricoles.

II. — De 1900 à 1905 inclus

Trois tomes réunis en un fort volume de 1,560 pages. Prix net, relié demi-chagrin rouge, 30 fr.

Accidents du travail (Lois de 1902 et 1905). — **Actes de l'état civil aux armées.** — **Actions** de priorité et d'apport. — **Affouage.** — **Agriculture** (Crédit. Dégâts par le gibier. Assurance). — **Alambics** (Contrôle). — **Animaux** (Police sanitaire). — **Armée** (Service de deux ans). — **Assistance** (Gestion). — **Assistance judiciaire** (Réorganisation) — **Associations et congrégations.** — **Assurances** (Compétence).
Bail emphytéotique. — **Boissons.** — **Bouilleurs de cru.** — **Brevets d'invention.** — **Budgets** (de 1900 à 1903). — **Bureaux de bienfaisance et d'assistance.** — **Bureaux de placement.**
Casier judiciaire. — **Chemins de fer** (Responsabilité). — **Communes** (Affouage. Organisation municipale. — Autorisation de plaider. — Construction des maisons d'école. Dons et legs). — **Congrégations** (Associations. Enseignement). — **Conseil d'Etat.** — **Conseils généraux.** — **Contributions directes et taxes assimilées** (de 1900 à 1905). — **Contributions** (Réclamations sur). — **Conventions internationales** (Mariage. Tutelle. Divorce. Séparation de corps. — Procédure civile. — Compétence judiciaire).
Décentralisation administrative. — **Dons et legs** (aux communes et établissements publics ou de bienfaisance).
Employés (Retraites. Placement). — **Enfant mineur** (Garde. Représentation). — **Enregistrement** (Lois de 1900 à 1905).
Force armée (Réquisitions).
Gendarmerie (Organisation). — **Gibier** (Dégâts). — **Habitations à bon marché.** — **Hygiène et sécurité des travailleurs.** — **Hypothèque** (Formalités).
Inhumations (Monopole des communes).
Justices de paix (Compétence nouvelle de la loi de 1905. Réorganisation).
Logements insalubres.
Maisons d'école (Construction d'office). — **Mariage à l'étranger.** — **Marine marchande.** — **Notariat** (Réforme. Aptitudes).
Objets abandonnés chez les ouvriers et industriels. — **Obligations militaires.** — **Officiers ministériels** (Suppression. Destitution. Frais). — **Organisation municipale.** — **Ouvriers des mines** (Retraites et secours).
Placement (Ouvriers et Employés). — **Police sanitaire des animaux.** — **Prud'hommes** (Réorganisation de la loi de 1905).
Quotité disponible entre époux.
Réhabilitation (de droit, des faillis). — **Responsabilité** (Accidents. Enseignement. Transporteurs). — **Réservistes et territoriaux** (Travail réservé).
Santé publique. — **Sapeurs-pompiers.** — **Sociétés** (Crédit et assurances agricoles). — **Sociétés de secours mutuels et unions.** — **Successions** (Régime fiscal. Quotité disponible). — **Sucres** (Nouveau régime).
Taux de l'intérêt légal. — **Testament** (Armée. Colonies). — **Titres au porteur perdus ou volés.** — **Traite des blanches.** — **Transporteurs** (Responsabilité). — **Tutelle** (Mineurs étrangers).
Usages locaux.
Valeurs de Bourse (Vente à crédit. Perte ou vol). — **Vente des objets abandonnés chez les ouvriers et industriels.** — **Vices rédhibitoires.**

www.ingramcontent.com/pod-product-compliance
Lightning Source LLC
Chambersburg PA
CBHW050528210326
41520CB00012B/2485